변화의 힘

Copyright ⓒ 죠지 싱, 2008

이 책의 한국어판 저작권은 '죠지 싱'과의 계약으로 '도서출판 미래북'이 소유합니다.
저작권법에 의해 한국 내에서 보호를 받는 저작물이므로 무단전재와 복제를 금합니다.

변화의 힘

초판 인쇄 | 2008년 3월 25일

지은이 | 죠지 싱
옮긴이 | 김양호
펴낸이 | 임종관
펴낸곳 | 미래북
표지 및 본문 디자인 | 김왕기
교정 교열 | 최소영

주소 | 서울특별시 용산구 효창동 5-421호
전화 | (02) 738-1227
팩스 | (02) 738-1228
이메일 | miraebook@hotmail.com
신고번호 | 제302-2003-00026호

ISBN 978-89-92289-10-8 03830

책값은 뒤표지에 있습니다.
잘못 만들어진 책은 바꾸어 드립니다.

SELF REMODELING POWER 변화하는 자만이 살아 남는다!

변화의 힘

죠지 싱 지음 | 김양호 옮김

MIRAEBOOK

{ 옮긴이의 글 }

21세기는 자기 계발의 시대다. 자기 계발을 하려면 무엇보다도 시대에 맞춰서 스스로 변화하지 않으면 안 된다.

"변화하려고 하지 않는 자, 그는 죽은 자이다.
성공하려고 하지 않는 자, 그도 죽은 자이다.
삶과 죽음 중 당신은 무엇을 선택할 것인가?"

이 말은 저자가 변화를 꿈꾸면서도 타성에 젖어 살아가는 우리를 일깨우기 위해 불어대는 기상나팔 소리와 같다.
'의욕을 갖고 원하는 목표를 향해 힘차게 전진하라!'고 외치는 저자의 이 충고가 왜 이토록 깊은 공감과 충격을 던져주는가? 그것은 아마 우리가 의욕을 잃은 생활자세 때문에 지난날 너무 많은 성공의 기회를 놓쳤던 공통된 경험을 갖고 있기 때문일 것이다.

인생을 살아오면서 단지 의욕이 없음으로 인해서 우리는 얼마나 많은 실패와 좌절의 쓴 맛을 보아야만 했던가? 날로 복잡해져가는 사회구조, 갈수록 어려워지고 있는 경제 상황,

끊임없이 맞이해야 하는 숱한 난제들, 우리는 이런 악조건을 극복해나갈 비책이 과연 있는가? 저자는 이에 대한 해답으로 '의욕을 갖고 변화하라'고 외치고 있다. 사회는 매사에 의욕이 없는 나태한 게으름뱅이를 원하지 않는다. 역사는 긍정적이고 적극적인 사고를 가지고 의욕에 찬 행동을 한 사람들에 의해 이끌어져왔다. 오늘날에도 사회는 이런 사람을 요구하고 있으며, 미래는 바로 의욕을 가진 자의 소유물이다.

역자는 오랫동안 자기 계발과 능력 창조를 위한 교육과 저술 활동에 전념해오면서 적극적이고 창조적인 생활 자세를 포기한 채 타성에 젖어 생활하는 현실안주자들에게 과감히 일어나 미래에 도전하라고 말해왔다.

저자 역시 이 책을 통해 적극적인 사고와 행동이 얼마나 중요한지를 말하고 있다. 나아가 성공을 위해 몸과 마음을 가꾸는 법, 기회를 포착하는 법, 성공하는 인간형, 초조감을 해소하는 법 등을 제시해주고 있다.

본서는 미국에서만 300만 부가 넘게 팔린 화제의 책으로 자기 계발서로 손색이 없을 뿐만 아니라 각 기업체나 단체의 의식 개혁을 위한 교육용으로 최적이라고 확신한다.

아무쪼록 이 책을 통해 여러분도 잠자는 의욕에 불을 당겨 성공을 향해 전진할 수 있기를 간절히 바란다.

contents

옮긴이의 글

1장 │ 성공을 위한 법칙들

변화의 힘 **01**>> 의지를 가지고 행동하라   [11]
변화의 힘 **02**>> 자신을 믿고 개선하라   [18]
변화의 힘 **03**>> 숨은 능력을 개발하라   [29]
변화의 힘 **04**>> 인생에 열정을 바쳐라   [46]

2장 │ 성공하는 새로운 인간형

변화의 힘 **01**>> 인생을 걸 만한 목표를 가져라   [53]
변화의 힘 **02**>> 새로운 인간형 '셀프 스타터'   [61]
변화의 힘 **03**>> 변화와 성장을 모색하라   [67]
변화의 힘 **04**>> 목표에 전력을 다하라   [74]
변화의 힘 **05**>> 목적의식을 가지고 행동하라   [81]

3장 │ 기회를 포착하는 법

변화의 힘 **01**>> 열정으로 기회를 창조하라   [91]
변화의 힘 **02**>> 시간을 철저히 활용하라   [100]
변화의 힘 **03**>> 성공철학의 근본은 사랑이다   [108]
변화의 힘 **04**>> 커뮤니케이션의 능력을 키워라   [113]
변화의 힘 **05**>> 독립적인 인간이 되어라   [119]
변화의 힘 **06**>> 영감과 아이디어를 길러라   [126]

self remodeling power

4장 | 성공을 위한 몸과 마음 가꾸기

변화의 힘 **01**>> 정신과 육체를 가꾸어라 [139]
변화의 힘 **02**>> 호감을 주는 겉모습을 갖추어라 [148]
변화의 힘 **03**>> 사람을 끄는 인격을 형성하라 [153]
변화의 힘 **04**>> 좋은 인간관계를 유지하라 [163]

5장 | 사람을 움직이는 사랑과 신념

변화의 힘 **01**>> 역경을 인생 역전의 기회로 삼아라 [173]
변화의 힘 **02**>> 미지로 나아가는 용기를 가져라 [179]
변화의 힘 **03**>> 사람을 움직이는 사랑의 힘 [184]
변화의 힘 **04**>> 신념의 마력 [194]

6장 | 초조감을 해소하는 법

변화의 힘 **01**>> 불안과 두려움을 정복하라 [203]
변화의 힘 **02**>> 긴장을 풀어주라 [214]
변화의 힘 **03**>> 실패는 성장의 기회임을 명심하라 [222]
변화의 힘 **04**>> 용기 있게 인생에 도전하라 [234]
변화의 힘 **05**>> 문제 해결 능력을 길러라 [245]

self remodeling power

self
remodeling
power

1장

성공을 위한 법칙들

01 의지를 가지고 행동하라

꿈과 목표와 신념을 실천하는 일,
즉 성공을 이루는 유일한 방법은 행동이다 | 피터 드러커

당신은 어떤 인생을 살고 싶은가? 이 물음에 대한 대답은 사람마다 각양각색이겠지만 결국 하나의 답으로 모아지지 않을까 싶다. 바로 성공하는 삶이다.

그렇다면 어떻게 해야 성공할 수 있을까?

성공을 위해서는 먼저 자기가 무엇을 해야 하는지를 알아야 한다. 그리고 어떻게 하면 성취를 이룰 수 있는가에 대한 지식과 그것을 실행에 옮기는 데 필요한 동기부여가 있어야 한다.

동기부여는 무엇인가? 여기에는 두 가지, 즉 정신적인 면과 육체적인 면이 있다. 예를 들면 '어딘가에 가고 싶다'는 마음은 정신적인 부분이고, '어디에 간다'는 행동은 육체적인 부분

이다. 마음과 행동, 이 두 가지가 갖춰져야 비로소 가고 싶은 곳으로 갈 수 있다.

자기 동기부여, 즉 의지와 행동이 바로 성공에 이르는 길이다. 성공한 사람들을 살펴보면 이러한 사실을 알 수 있다. 성공한 사람들은 한 목표에 도달하면 곧 보다 높은 새로운 목표를 정하고 보다 큰 성공, 보다 큰 행복의 계단을 계속해서 올라가기 시작한다.

물론 성공한 사람들도 성공에 이르기까지 수많은 좌절과 실패를 겪는다. 하지만 그에 굴하지 않고 실패를 극복해냄으로써 그들은 성공을 이룰 수 있었다. 바꿔 말하면, 성공하느냐 못하느냐는 성공에 이르는 길에 놓인 실패를 딛고 일어서느냐 그렇지 못하느냐에 달려 있다.

여기에서 여러분은 근본적인 의문이 생길 것이다.

내가 세운 목표에 어떻게 하면 도달할 수 있을까?

내가 무엇이 되고자 할 때 어떻게 그것을 이룰 수 있을까?

어떻게 하면 행복해지고 성공할 수 있을까?

이 책은 이러한 의문을 풀어준다. 그리고 지금껏 많은 사람들이 실제로 해본 방법, 간단하면서도 어김없이 좋은 결과를 얻을 수 있는 방법을 알려준다. 이러한 방법은 자신을 위해서 노력하지 않는 사람들에게는 아무런 도움이 되지 않을 수 있다. 그러나 보다 나은 목표를 향해 행동하는 사람들에게는 틀림없이 힘찬 조언이 될 것이다.

행동하는 자에게 길은 열려 있다

미국의 한 보험회사의 창업자이자 사장인 클레어 스톤이 내게 이런 말을 들려주었다.

어느 날 어떤 여성이 그의 회사로 전화를 걸어 잔뜩 화가 난 목소리로 말했다.

"당신의 저서를 두 권이나 읽었지만 결국 돈만 낭비했지 뭡니까?"

마침 스톤 사장은 외출 중이어서 린다라는 여비서가 전화를 받았다. 그 여성은 계속해서 말했다.

"댁의 사장이 쓴 책을 읽었지만 이렇다 할 소득이 없었어요. 남편은 아직 일자리를 구하지 못했고, 은행의 구좌엔 한 푼도 남아 있지 않아요. 난 나대로 하루 17시간이나 서 있어야 해요. 난 싸구려 식당의 웨이트리스니까요. 변한 거라고는 아무것도 없어요."

그러면서 이 여성은 스톤의 저서인 《마음에 두고 믿는 일은 반드시 실현될 수 있다》에 나오는 내용의 일부를 인용하면서 따졌다.

통찰력이 있는 린다는 이렇게 물었다.

"그러면 스톤 씨의 책을 읽어보시고 난 후 어떤 일을 실천하셨나요?"

그 여성은 잠시 생각하더니 이렇게 말했다.

"기다리고 있었죠."

린다는 평소부터 스톤 씨가 강조하던 조언을 들려주었다. 어떻게 해야 향상될 수 있는지에 관해 쓴 책은 독자가 그것을 읽은 다음에 무엇인가를 실행하지 않으면 아무 의미도 없다는 것을 말해주었다.

그리고 린다는 다시 한번 그 책을 읽고 마법의 주문이 아니라 실제로 해볼 수 있는, 자기에게 적합한 생각이나 일을 찾아보는 것이 어떻겠느냐면서 이렇게 덧붙였다.

"지식이라든가 기술을 익히는 것도 좋지 않을까요? 그렇게 하면 당신이 말한 것처럼 싸구려 식당의 웨이트리스보다 수입도 좋고 일하는 보람도 있는 일자리를 구하게 될지 모르잖아요?"

수개월 후에 그 여성이 다시 전화를 걸어왔다. 그녀는 린다의 이름을 기억하지 못했으나 다행히 또 린다가 전화를 받게 되었다.

"나를 기억할지 모르겠는데, 예전에 스톤 씨의 책을 읽었다고 했더니 기다리지만 말고 무엇이든 실천하라고 했잖아요? 내가 그 후 어떻게 했는지 꼭 말해줘야겠다는 생각에 이렇게 전화를 했습니다."

린다가 말한 대로 그녀는 책을 다시 읽고 실천할 수 있는 일을 찾았다. 남편에게도 그 책을 다시 읽게 한 결과, 남편은 아직 실직 중이기는 하나 열심히 일을 찾고 있다. 그녀는 틈을 내어 속기와 컴퓨터를 배우기 시작했다. 졸업하면 일자리를 주겠다는 회사가 세 군데나 되며, 게다가 전에 있던 식당에 비하면 수입은 갑절이나 된다는 것이었다. 이 여성은 끝으로 이렇게 덧붙였다.

"아직도 갈 길은 멀어요. 빚도 많이 남았고요. 하지만 내친걸음이에요. 당신에게 고맙다는 인사를 하고 싶었어요. 당신이 말한 대로 스톤 씨의 책에는 분명히 해답이 적혀 있었어요."

이런 마법 같은 일은 누구에게나 일어날 수 있다. 이것이 바로 동기부여의 기적이다. 그녀의 경우와 마찬가지로, 실행으로 옮기는 일이 중요하다는 것은 말할 것도 없다.

적극적인 태도는 기적을 낳는다

지위를 높이고자 하는 사람, 보다 행복하고 풍족한 생활을 원하는 사람, 신기록을 세우려는 사람, 불가능하다고 생각되는 일을 해내려는 사람은 반드시 명심해야 할 것이 있다. 그것은 위에서 이야기한 여성처럼 자신에게서 동기를 찾고, 그에 따라 행동한다면 반드시 놀랄 만한 기적이 일어난다는 사실이다.

사람들은 성공이나 행복은 운에 달려 있다고 하면서 스스로의 처지를 위로하려고 한다. 그러나 그렇지 않다. 절대로 그렇지 않다! 단기간이라면 때로 운에 좌우되는 일도 있을지 모른다. 그러나 목표를 설정해서 꾸준히 노력하지 않았다면 운이 찾아왔을 때 준비 없이 어떻게 그것을 살릴 수 있겠는가. 또 전혀 운이 없을 때라면 어떻게 행복이나 성공에 이르는 길을 발견해낼 수 있겠는가.

▾ **다음은 성공적인 삶을 살기 위해 필요한 질문들이다.**
- 성공하려면 어떤 마음가짐이 필요한가?
- 어떻게 계획을 세워야 효과적인가?
- 어떤 문제가 생겼을 때 건강과 삶의 자세가 얼마나 큰 도움이 되는가?
- 기술을 익히려면 어떻게 해야 하는가?
- 훌륭한 생활설계를 세우려면 어떻게 해야 하는가?
- 어떻게 해야 시간을 허비하지 않을 수 있는가?
- 자기를 믿고 남을 믿고 신을 믿는 것이 얼마나 큰 힘이 되는가?

이 책에 담긴 문제를 푸는 열쇠는 여러분 각자가 지니고 있다. 그러나 스스로 행동하지 않는 자에게 이 책은 아무런 의미가 없을 것이다. 거듭 말하지만 동기를 갖는 것이 성공의 비결이다. 적극적인 자세로 목표를 향해 전진하려는 사람은 동기가 얼마나 중요하고 큰 도움이 되는지를 알고 있다.

그러면 지금부터 실제로 난관을 극복하고 성공과 행복의 길을 발견한 사람들의 실화를 섞어가면서 이야기를 하겠다.

02 자신을 믿고 개선하라

> 자신이 할 수 없다고 말한 것을
> 누군가가 하는 것을 보는 것만큼 당혹스러운 일은 없다 | 샘 유잉

'믿는다'는 것은 하나의 마음가짐이고 견해이며, 아울러 사물에 대한 생각이라고 할 수 있다. 마음가짐은 지식과 경험에서 생긴다. 나아가 자기의 마음가짐을 바꾸려고 하면 바꿀 수도 있다.

싫어하는 버릇이 있거나 대인관계가 건방지다는 이유로 어떤 사람을 싫어한 경험은 누구에게나 있을 것이다. 그런데 후에 그 사람의 태도가 변한 것을 알게 되어 존경에 가까운 마음을 갖게 되는 일도 있다.

마찬가지로 당신도 그렇게 할 수 있다. 자기 자신이 변하면 자기에 대한 생각도 바꿀 수 있다. 그러므로 자신을 바꾸어가지 않으면 안 된다.

혹시 '나는 언제나 불행하다', '어떻게 대처해야 할지 모르겠다', '꿈이 실현될 것 같지도 않고 수렁에 빠진 상태다'라고 생각하고 있지 않은가? 그렇다면 바닥까지 떨어져서 모든 것을 단념해버리는 것이 제일 간단하다. 쓸데없는 근심을 하지 않고 활발하게 기운을 차릴 때는 그만큼의 노력이 필요하기 때문이다. 맥이 풀려 차라리 절망에 빠지는 편이 쉽다는 것은, 그렇게 하는 편이 아무런 행동도 에너지도 필요하지 않기 때문이다. 그런데 그래도 좋단 말인가? 그래도 행복하단 말인가? 그럴 리 없다!

누구나 기회를 잡고 싶어한다. 기회는 자기가 마음먹기에 따라 생기며, 만들려고 애쓴다면 어디에나 있다. 단지 기회를 만들려면 적극적인 태도가 반드시 필요하다.

자기 자신에 대한 생각을 개선하고 싶다는 강한 욕구가 없는 사람은 자신의 동기 설정에도 흥미를 가지지 못할 것이다.

자기 개선의 필요성을 느낀다는 것은 다음과 같은 이유 때문에 현명한 일이다.

- 자기에 대해서 정직하다는 것을 나타낸다.
- 마음의 안정과 자신감을 갖고 있다는 것을 나타낸다.
- 인간으로서의 성장을 바라고 있다는 것을 나타낸다.

그리고 이들을 실행하기 위해서는 무엇보다 자신을 믿는 일이 중요하다.

자신을 믿기 위한 4가지 방법

 자신을 믿는다는 것은 자기만이 할 수 있는 일이다. 타인이 그것을 도와줄 수 있을지 모르나 자신에의 믿음은 스스로 쌓는 것이다. 그리고 자기 신뢰는 인생을 성공으로 이끄는 근원이다. 자기를 믿으면 자기가 누구이든, 받은 교육이나 현재의 지위가 어떠하든, 자기에 대한 끊임없는 전진적 희망을 가질 수 있다.

 자기를 믿기 위해서 다음의 4가지가 필요하다.

① 성공하기 위한 일생의 목표, 즉 자기의 꿈의 리스트를 만든다.

- 다른 사람에게 더욱 필요한 사람이 되고 싶다.
- 회사의 경영자가 되고 싶다.
- 훌륭한 교사가 되고 싶다.
- 보다 나은 부모가 되고 싶다.
- 가장 뛰어난 숙련공이 되고 싶다.
- 대학교육을 받고 싶다.
- 큰 부자가 되고 싶다.

 목표를 우선순위대로 쓴다. 말하자면 빨리 도달하고 싶은 것부터 차례대로 쓴다. 이때 언제 도달하고 싶은지 그 기일도 함께 기입한다. 물론 기일도 목표와 마찬가지로 실현 가능한 범위 내에서 기입해야 한다.

2) 목표에 도달하기 위해서 통과해야 할 단계를 적는다.
- 고용주에게 자기가 승진할 만한 가치가 있다는 것을 납득시킨다.
- 회사 내의 세일즈맨 중에서 제일가는 성적을 올린다.
- 회사를 위해서 결정적으로 중요한 아이디어를 내어 좋은 결과를 얻는다.
- 보다 나은 인간관계를 갖는다.
- 연봉이 많은 지위에 오른다.
- 고등학교를 좋은 성적으로 졸업한다.
- 사람들에게 친절히 대하는 습관을 갖는다.
- 친구를 늘린다.

이상과 같이 목표를 향해 통과해야 할 단계들을 써가면서 목표를 달성하기 위한 결의를 다진다.

3) 목표 달성에 필요한 자질이 자신에게 있는지 정직하게 살펴보고 필요한 것들을 적는다.
- 정직
- 성실
- 열정

- 원만한 대인관계
- 창의적인 사고
- 책임감

물론 위에 열거한 것들은 단순히 예에 불과하다. 자신의 목표에 필요한 자질을 발견하기 위해서는 끊임없이 자신을 점검하는 노력이 필요하다.

4 위의 리스트와 관련하여 지금 자기에게 부족한 자질의 리스트도 만든다.

이것은 반드시 갖추어야 할 자질이며, 자신이 세운 목표를 향한 출발점이기도 하다. 이러한 자질을 자기의 것으로 만들어 목표를 향해 꾸준히 나아가면 어느덧 목표 앞에 선 자신을 발견하게 된다.

자신을 정직하게 검토하면서 리스트를 작성하는 것만으로도 무척 전망이 밝아질 것이다. 이것이 출발점이다. 현재의 자기가 윤곽이 잡히고 목표에 도달하기 위해 필요한 것도 알았기 때문이다.

결점을 극복하는 6가지 태도

네 번째 리스트에 올린 결점을 극복하는 일에 집중하기 위해서는 우리의 생각을 조정하는 몇 가지 방법이 있다. 이 방법은 아침에 일어나서 밤에 잠들기까지 거듭 반복할 필요가 있다. 성공한 사람조차 언제나 그 성공을 유지하기 위해서는 자신을 늘 타일러야 한다. 이같이 해서 가난에서 벗어나 부자가 된 사람이 있는가 하면 불행의 밑바닥에서 행복을 잡은 사람도 있다.

다음은 우리의 생각을 조정하기 위해 갖춰야 할 6가지 태도이다.

1. 적극적이고 긍정적인 사고를 한다.

우리는 누구나 성공과 행복을 원한다. 그러나 우리는 그런 꿈을 이루기 위해서 우리의 생각을 바꾸지 않고 결과만을 바꾸고 싶어한다. 그래서는 좋은 결과를 가져올 수 없다. 먼저 자신에 대해 부정적인 생각부터 버려야 한다. 부정적인 사고를 하면 기력도 창조성도 인생의 기쁨도 잃게 되고, 가능성도 현저하게 제한된다. 나아가 부정적인 사고는 건강까지 해치게 된다. 성공은 사물을 얼마나 긍정적으로 좋게 보느냐에 달려 있다.

2. 성공을 기대하고 언제나 최선을 다한다.

적극적이고 긍정적인 사고를 하면서 끊임없이 최선을 다하고 있으면 좋은 일이 생기기 마련이다. 성공은 성공에의 기대를 품고 그것을 향해 꾸준히 나아가는 자의 몫이다.

③ 목표달성 후의 자신의 모습을 상상해본다.

성공을 하려면 목표가 필요하다. 목표는 너무 거창하거나 실현할 수 없는 것이면 아무 소용이 없다. 일단 실현할 수 있는 작은 목표부터 세워 하나씩 실천하며 단계를 높여가는 것이 중요하다. 이렇게 자신의 목표가 정해지면 성공을 마음에 그리면서 항상 목표에서 눈을 떼지 말아야 한다.

목표에 접근하는 최선의 길을 택하는 일도 중요하다. 그리고 성공한 자신의 모습을 상상한다. 그렇게 하면 놀랄 만한 효과가 나타나는데, 그것은 정말 목적을 달성한 것처럼 행동할 수 있기 때문이다.

④ 앞을 바라본다.

어제는 다시 돌아오지 않는다. 어제의 번민도 지나간 일일 뿐이다. 오늘이라는 새로운 날을 맞아 앞을 향해 나아가면 기막힌 기회나 기적을 얼마든지 찾아낼 수 있다.

⑤ 목적을 달성하기 위해 필요한 대가를 아끼지 않는다.

세상에 그냥 얻어지는 것은 아무것도 없다. 목표에 도달하기 위해서는 시간, 노력 그리고 정열을 쏟아 부어야 한다.

6. 자신을 믿는다.

성공을 위해 무엇보다도 중요한 것은 바로 자신을 믿는 것이다. 그리고 원하는 것은 무엇이나 가질 수 있다고 믿는다. 적극적으로 기회의 문을 열어보자. 목적의식을 뚜렷이 가지고 기회를 최대한 살리자.

자신감이 자신감을, 열의가 열의를 부른다

자기를 신뢰하는 데서 자신과 냉정이 생긴다. 자신 있고 냉정할 때 인간의 두뇌는 가장 활발하게 활동한다. 자신감이 없으면 심리적으로 위축되기 때문에 결코 좋은 결과를 얻지 못한다.

내가 주관하는 '비즈니스 스쿨'에 클라라라는 학생이 있었다. 졸업생이면 누구나 받게 되는 취직 면접을 클라라도 2년의 과정을 마친 뒤 받게 되었다.

클라라는 늘 자신이 없다고 말해왔는데 면접날 아침에 내 방으로 찾아와 도저히 면접에 임할 수 없다고 호소했다. 눈물을 글썽이면서 면접을 취소하고 싶다고 했다. 클라라가 너무 당황해하기 때문에 그날의 면접은 다른 학생을 보내기로 하고, 돌아가려는 그녀에게 나는 이렇게 말해주었다.

"클라라는 내일 다른 면접을 받기로 했으니 이번에는 꼭 가줘야겠어. 그전에 말해둘 것은, 이 학교에서 면접시험에 보내는 학생은 한 사람도 빠지지 않고 우리가 자랑으로 삼을 만큼 능력이 충분한 학생들이라는 거야. 알겠지? 우리가 책임질 수 없는 학생을 사회에 내보낼 것 같은가? 우린 클라라를 믿고 있어. 클라라에게 필요한 것은 오직 자신감을 갖는 일이야."

클라라가 돌아간 후 나는 어느 회사의 사장으로 있는 짐에게 전화를 걸었다. 그에게서 비서실장 후보감이 될 만한 남성을 주선해달라는 부탁을 받았던 터였다.

"짐, 부탁한 사람은 아직 못 찾았나? 상당히 괜찮은 인물이 있는데 면접해보겠나?"

나는 클라라 얘기를 했다. 짐은 실망했다. 실장 후보로 키울 수 있는 남성이라야 한다는 의견을 굽히지 않았다.

"그러니까 면접이라도 해보라는 것 아닌가? 부탁하네, 젊은 여성이긴 해도 보통 유능하지 않아. 자기 자신이 그걸 모르고 있을 뿐이야. 말하자면 자신이 없는 거지 뭐. 몇 번 면접을 보기만 해도 그녀에게는 큰 경험이 될 테니 말이야."

이렇게 억지로 떠맡기자 짐은 마지못해 만나보겠노라고 일단 양보해주었다.

다음날 아침 내 방에 나타난 클라라는 어제와는 딴판으로 아주 여유 있는 태도를 보였다. 미소를 띠고, 자신과 열의에 차 있었다. 그리고 떠나기 전에 이렇게 말했다.

"오늘 일자리를 맡아오겠어요. 자신감이 생겼습니다. 자랑으로 여기실 만큼 열심히 해보겠습니다."

그 면접이 단순한 연습으로 끝난다는 것을 그녀에게 밝힐 수는 없었다. 나는 한마디 하지 않을 수 없었다.

"자신을 자랑스럽게 여길 줄 아는 것이 무엇보다 중요해, 클라라."

나는 그녀의 뒷모습을 보면서 면접이 그녀에게 귀중한 경험이 되기를 바랐다.

전화가 울렸다. 짐이었다.

"오늘 보낸 사람이 자네가 말하던 그 여성이 맞나?"

그가 대뜸 이렇게 묻는 것이 아닌가?

"클라라라고 말하지 않던가?"

"그래, 맞아."

"그럼, 틀림없네. 그런데 왜?"

"자네가 말하던 사람과는 영 다르더군. 얌전한 참새 같은 아가씨로 예상했는데, 찾아온 여성은 자신과 열의가 대단한 사람이었어. 악수했을 때 손가락이 두세 개는 부러질 지경이었으니까."

"그럴 리가……"

"사실이야. 잠시 면담한 후에 물어봤지. '컴퓨터 타자 속도는 빠른가요?'라고 했더니 그녀는 당당하게 대답하더군. '예, 1분에 200타 정도는 실수 없이 칩니다.' 내가 또 여기 일은 숙

달된 속기 솜씨가 필요하다고 했더니, '1분에 120단어를 씁니다. 한 군데도 틀리지 않게요.' 하고 대답하더군. 내가 또 덧붙였지. '이 자리는 중요한 직책이기 때문에 경리도 잘 아는 사람을 찾는다고. 그녀는 내 책상 위로 몸을 기대며 이렇게 말하더군. '장부도 완벽하게 기재할 수 있습니다. 물론 틀리지 않게요.' 미경험자가 이렇게 자신에 넘친 대답을 하는데 놀라지 않을 수 없지 않나? 그래서 나는 채용하기로 결정하기 전에 또 한 가지 질문을 했어. '당신은 거짓말을 하나요?' 그랬더니 그녀는 웃으면서 내 눈을 똑바로 들여다보며 이렇게 말하더군. '아니요, 하지만 가르쳐주신다면 하게 될 것입니다.' "

클라라는 자기를 자랑으로 삼게 된 것이다. 그리고 그러는 과정에서 자신감에 대하여 중요한 것을 배웠다. 말하자면, 자신 있게 행동하면 실제로 자신감이 우러난다는 것을 알게 되었다.

03 | 숨은 능력을 개발하라

사람은 자신이 할 수 있다고 생각하는 것보다 더 큰 일을 할 수 있다

| 헨리 포드

누구에게나 헤아릴 수 없는 숨은 재능이 있다. '숨은'이라는 말은 그 능력이 거의 쓰이는 일 없이 잠든 채 있다는 뜻이다.

능력이 있으면서 잠재운다는 것은 얼마나 불행한 일인가?

잠재능력은 끄집어내어 자신의 목적에 도달하기 위한 활동 에너지로 바꾸어야 한다. 사람 속에 깊이 감추어져 있는 잠재능력은 개발하겠다고 마음먹고 훈련한다면 원하는 대로 꺼내 쓸 수 있는 저장고, 없어질 줄 모르는 보물창고가 된다. 숨겨진 재능을 끌어내기 위해서는 스스로 동기부여를 해야 한다.

열정은 삶의 윤활유다

어떤 일을 할 때는 열정이 필요하다. IBM의 창업자 토머스 왓슨은 열정에 대해 다음과 같이 말했다.

"연인을 마음에 간직하듯 진솔한 마음으로 일을 생각하고 그 일을 최선을 다하여 열정적으로 하라. 그러면 그 열정이 당신을 큰 성공으로 이끌 것이다."

일을 할 때 그저 마지못해 하는 경우와 열정을 가지고 할 때는 그 결과가 확연히 달라진다. 역사에 흔적을 남긴 사람들을 보면 열정에 사로잡혀 일한 사람들이라는 것을 알 수 있다. 이러한 열정은 숨은 능력의 하나다. 열정은 단순히 적극적인 자세를 말하는 것이 아니라 그것을 뒷받침하는 행동까지도 의미한다. 즉, 적극적인 생각을 밖으로 표출하여 행동으로 구현한 것이 바로 열정이다.

열정은 목표를 향한 여행의 윤활유가 된다. 자신이나 자신의 목적에 대해서 또는 타인이나 자기를 에워싼 세계에 대해서도 열정적이라면 사람들도 그에 적극적으로 반응을 보일 것이다. 그리고 열정을 가진 사람과 함께 지내는 것을 즐길 것이기 때문에 목표를 향한 여행은 한결 가벼워질 것이다.

기억력을 기르는 4가지 비결

사람의 이름이나 과거의 일을 쉽게 기억해낼 수 있도록 훈

런하면, 기억력은 무서운 무기가 된다. 이름이나 일어난 일은 즉석에서 기억해내지 않으면 안 될 경우가 가끔 있다. 생각이 나지 않아 판매할 기회를 놓친다거나 중대한 모임에 빠지거나 이름을 잘못 말해 불쾌감을 사는 등은 흔히 일어나는 일들이다. 그러나 사람의 이름이나 얼굴, 이전에 생겼던 사건을 순간적으로 기억해내는 인물은 다른 사람을 앞지를 수가 있다.

그렇다면 어떻게 해야 기억력이 좋아지는가? 자기에게 정말 중요한 일은 기억할 수 있다는 사실을 명심하자. 예를 들어, 새로 온 상사에게 소개되었다 하자. 이 상사의 이름을 잊는다고는 도저히 생각할 수 없다. 왜냐하면 자기에게 그것은 절대로 필요하기 때문이다.

∨ 기억력을 기르는 4가지 비결

- 흥미: 사람은 흥미를 갖는 대상에 대해서는 관심을 가지기 마련이고, 관심이 있으면 기억하기가 한결 쉬워진다.
- 집중력: 다른 일은 하지 않고, 소음을 차단하고, 주위의 모든 방해를 무시해야 한다. 기억하려는 사람 이름이나 일에 정신을 집중한다.
- 반복: 집중하면서 몇 번이나 되풀이하면 무엇이든 기억할 수 있다. 때에 따라서는 반복해서 쓰는 것도 좋다. 반복연습은 지루하지만 간단하고 확실한 방법이다. 노력하면 반드시 그만한 효과를 얻을 수 있다.

- 연상: 만난 인물에게서 무엇인가를 연상하거나 그 사람의 이름을 무엇인가에 연결해서 기억한다.

창의력이 행운을 가져온다

창의력도 기억력과 마찬가지로 훈련하고 가꾸어, 필요할 때 발휘하면 목적 달성을 위한 유리한 무기가 된다. 창의력이 있다는 것은 무에서 유를 낳는다든가 갑작스럽게 영감이 섬광처럼 번쩍이는 것을 의미하는 것은 아니다. 얼핏 관계가 없는 것처럼 보이는 두 가지 생각이나 사물을 관련짓는 데서도 창의력이 생기는 경우가 많다.

하거 회사의 사장 J.M. 하거는 고급바지를 저렴한 가격으로 대량 생산하려는 헨리 포드의 의견을 받아들였다. 그 당시 섬유제품업계의 상식으로는 생각할 수 없는 시도였다. 그렇지만 하거는 일반 양복지의 자투리를 이용하여 외출복으로도 입을 수 있는, 새로운 타입의 바지를 '슬랙스'라는 이름을 붙여 판매하기 시작했다. 슬랙스의 탄생은 섬유제품업계에 혁명적 변화를 가져왔다.

창의력이나 영감은 솟아날 때까지 기다리려면 시간이 끝도 없이 걸린다. 어떤 문제가 생기면 도움을 청하기 전에 자신의 두뇌로 해결하는 것이 중요하다. 창의력은 쓰면 쓸수록 무한대로 솟아난다. 매일 하는 일을 통해서 그 부산물로서 독창적 아이디어가 떠오르는 일도 흔히 있다.

처음부터 마지막까지 창의력을 구사하라. 그것을 습관화할 수 있다면 차례로 문제를 해결하여 목표에 도달하는 것도 빨라질 것이다.

창의력을 발휘하다보면 뜻밖의 행운이 따라오기도 한다. 즉 해결하려는 일과는 아무 관계가 없는 일을 우연히 발견하는 행운이 온다. 예를 들면, 아메리카 인디언은 물이 없을 때 단풍의 수액을 채집하여 요리에 사용했는데 어쩌다가 조려진 수액이 메이플 시럽으로 널리 쓰이게 되었다고 한다. 이러한 행운을 놓쳐서는 안 된다. 행운은 창의력을 구사하는 과정에서 기적처럼 뜻하지 않은 순간에 나타나는 것이니까.

잠재의식을 활용하여 영감을 얻는다

인간의 두뇌작용 중에서도 가장 놀랄 만한 것 중의 하나로 잠재의식을 들 수 있다. 의식이라는 것은 자각할 수 있는 두뇌작용이다. 생각하고 본 것을 기록하고 사물을 이론화하며, 결정을 내리고 주장을 형성한다. 잠재의식은 그야말로 컴퓨터라고 할 수 있다. 의식적으로 받아들인 데이터는 전부 여기에 보관된다. 과거의 경험이나 배운 것도 모두 여기서 다룬다. 따라서 잠재의식을 올바르게 사용하면 문제해결에 최고의 힘이 된다. 잠재의식은 쓰면 쓸수록 그 역할이 커지고 효과

있게 사용할 수 있다.

    문제해결에 잠재의식을 활용하기 위해서는 먼저 의식적으로 방아쇠를 당길 필요가 있다. 바꾸어 말하면, 의식적으로 문제에 초점을 맞추어 무엇이 문제인지를 잠재의식에도 확실히 침투시키지 않으면 안 된다. 다음에는 그 문제를 해결하고 싶다는 욕망을 강렬하게 의식한다. 의식이 강할수록 잠재의식의 작용이 커진다. 이 경우 '~을 하고 싶다'처럼 긍정적인 형태로 의식하는 것이 중요하다. 부정적인 생각에는 부정적인 대답밖에 돌아오지 않기 때문이다.

    의식적인 문제해결을 위한 노력이 실패로 돌아갔을 때는 문제를 긍정적인 형태로 바꾸어, 해결하고 싶다는 강한 욕망을 끌어낸다. 그런 다음에 그 문제를 깨끗이 잊어버리고 잠재의식에 맡긴다. 그러면 어느 사이에 멈출 줄 모르는 창의력이 활동하여, 갑자기 그 해결방법이 머리에 떠오르는 경우가 있다.

    의식과 달리 잠재의식은 일하는 동안이나 잠을 잘 때, 사람들이 푹 쉴 때도 해결의 실마리를 찾아내고 있다. 물론 해답을 얻기까지 시간이 걸릴 때도 있고, 순식간에 빛을 발하기도 하지만 잠재의식의 작용은 같다. 그러나 어느 경우에도 문제해결에 접근하기 위한 의식적 노력을 다한 다음, 꼭 해결해야 할 욕망을 잠재의식에 단단히 다져넣어 둘 필요가 있다.

《잠재의식을 잘 이용하는 방법》이라는 책에서 존 K. 윌리엄스는 잠재의식에서 얻은 갖가지 발견을 언급하고 있다. 다음 인용문은 취미에 몰두함으로써 잠재의식에서 영감을 얻은 사람들이 이뤄낸 일을 전하고 있다. 그들이 다양한 신분과 직업을 가진 사람들이라는 점은 주목할 만하다.

"사진을 발명한 것은 육군 장교였다. 모터를 발명한 것은 제본회사의 사무원이다. 전신기를 발명한 것은 초상화가이고 농부가 타이프라이터를, 시인이 재봉틀을, 광부가 기관차를 발명했다. 전화는 농아학교 교사의 연구에 의해 세상에 나왔으며, 처음 공기가 든 타이어를 발명한 것은 병약한 사내아이를 가진 수의사였다."

두뇌도 훈련이 필요하다

IQ는 두뇌활동의 한계를 나타내는 것으로 받아들이기 쉽다. 사람들도 보통 그렇게 인식해버린다. IQ가 높으면 두뇌가 좋고, 낮으면 별로 기대할 것이 없는 것처럼 말이다.

그러나 이것은 잘못이다. IQ는 문제를 해결하거나 무엇인가 이루었을 때의 능력과는 전혀 관계가 없다. 적극적인 자세야말로 두뇌를 단련하고 능력을 키운다. 거기에는 훈련이라는 과정도 필요하다.

몸이 약한 사람이 스포츠선수가 되었다는 얘기를 자주 들는다. 이것은 끊임없이 의식적으로 근육을 훈련시키면 가능하다.

머리의 근육도 다를 바 없다. 몸과 마찬가지로 머리도 훈련하면 능력이 점차 향상된다. 건강한 사람도 훈련 없이 매일 1마일 정도를 6, 7분에 뛰는 것은 무리다. 그러나 매일 연습하면 근육도 체력도 단련되어 점차 목표에 가까워질 것이다. 두뇌도 마찬가지여서 끊임없이 머리를 써서 훈련하면 생각할 수 없는 능력이 생긴다.

운동선수는 어떻게 진보해가는 것일까? 먼저 특출한 선수가 되겠다고 생각하며, 그런 자기 자신을 마음속에 그린다. 그 목적을 달성하기 위해 해야 할 과정을 단계적으로 실행해 간다.

이런 예를 잘 보여준 사람이 미국 높이뛰기 선수 프랭클린 야콥스다. 그는 신장이 170cm밖에 안되었다. 그는 이렇게 말한다.

"저는 이런 질문을 자주 받습니다. 170cm의 남자가 어떻게 머리보다 60cm나 높은 바를 뛰어넘을 수 있느냐고 말입니다. 솔직히 말해서 저는 키가 작다고 생각해본 적이 없습니다. 저에게 있어서 신장은 상대적인 것에 불과합니다. 바를 향해 갈 때에는 195cm 정도의 기분을 가집니다."

두뇌의 경우도 이와 같다. 어떤 대상을 따라잡기 위해서는 특정의 단계가 있다. 우선 무엇을 해야 하나? 다음은 무엇인가? 어떻게 해야 하는가를 잘 생각한 다음에 머리를 써서 실행으로 옮긴다. 이렇게 해서 우리는 성장해간다.

머리는 항상 쓰지 않으면 필요할 때 힘이 되지 못한다.

두뇌를 좋게 하는 비결

사업에서 가장 문제가 되는 것은 금전적인 것이 아니라 아이디어 부족이 아닌가 한다. 그러나 독창적 방법을 펼쳐서 난관을 극복해나가야 할 때 단지 금전에 기대어 해결책을 찾으려는 사람이 얼마나 많은가? 개인의 경우도 같다. 머리 회전을 좋게 하는 일이 어떤 일을 자기에게 유리한 방향으로 이끌어가기 위한 제1단계가 된다.

머리 회전을 좋게 하는 8단계를 소개한다.

1) 할 수 있다고 믿어라.

믿으면 그만큼 머리의 활동도 활발해지고 대책도 마련하기 쉽다. 자신의 문제는 자신이 해결할 수 있다고 믿어야 한다. 사람의 호감을 얻는 방법이 반드시 있을 것으로 생각한다. 집이나 차를 살 방법이 있다고 생각한다. 성공할 수 있다고 생각한다. 그러면 인간이 가진 최대의 힘, 즉 지혜를 발휘할 수 있다.

2 큰 바탕으로 장래의 자신을 생각하라.

 소유하고 싶은 것을 가지려면 먼저 회사를 위해서 생각해야 한다. 그렇게 하면 회사가 가지고 싶은 것을 줄 것이다.

 몇 해 전 일이다. 몇 사람의 선로 수리공이 침목에 선로용 못을 박는 작업을 하고 있을 때 달리던 열차가 멈추면서 한 남자가 내렸다. 그 남자는 한 수리공에게 다가와 말을 건넸다. 열차가 사라진 다음 동료 수리공이 물었다.

 "거짓말 같은 얘긴데 그래. 철도회사의 사장이 일부러 차를 세우고 자네에게 말을 걸다니 말이야. 그런 지체 높은 어르신네하구 어떻게 알게 됐는가?"

 그로서는 궁금한 일이 아닐 수 없었다. 그 수리공은 이렇게 말문을 열었다.

 "그 사람과 나는 예전에 같은 일을 했었지. 벌써 30년 전의 일이지만."

 "두 사람 다 같은 일을 하고 있었구먼! 그렇다면 왜 그 사람은 사장이 되고 자네는 수리공인가?"

 "난 한 시간에 50센트를 위해 일했지. 하지만 그 사람은 회사를 위해 일했거든."

 사업계에서는 사람은 겉모습이나 가문으로 평가되지 않는다. 생각하는 규모의 크기로 평가받는다. 얼마나 큰 규모를 생각할 수 있느냐에 따라서 업적의 스케일이 결정된다.

3 먼저 상식선에서 생각하라.

문제를 해결하려고 지나치게 열정적일 수가 흔히 있다. 여간 힘들여 일을 하지 않으면 해결할 수 없는 것처럼 생각해버리는 경우도 많다. 우선 단순하고 일반적인 상황을 생각해본다.

4 부정적인 생각을 하지 마라.

생각은 조정할 수 있다. 따라서 자기가 마음속으로 그렇게 해야겠다고 생각하면 자기의 의지로 생각을 조정할 수 있다. 부정적인 생각은 긍정적인 생각으로 바꿔야 한다.

위대한 골퍼인 톰 왓슨은 부정적인 생각이 사람에게 어떤 영향을 주는가에 대하여 이렇게 말했다.

"부정적인 생각을 하고 있을 때에는 자기가 해서는 안 된다는 것을 생각하게 된다. 가령 내 경우 공을 쳐서는 안 될 장소를 생각하게 된다. 그리고 그것을 생각하면 할수록 그 안 된다는 장소로 공을 날려버리게 된다."

5 재인식을 위한 시간을 가져라.

자신의 문제를 분명히 인식할 여유가 없는 탓으로 실패하는 일이 많다. 그럴 때야말로 한 걸음 물러서서 상황을 살펴보자. 침착하게 생각하고 마음을 풀고 때에 따라서는 기분을 바꿔서라도 다시 문제에 부딪치면 된다.

사람에 따라서 기분이 가라앉는 시간이 따로 있다. 자기가 편리한 시간을 쓰는 것이 좋다. 그때까지 기다려 여유 있는 마음으로 생각하면 좋은 해결법을 찾을 수 있다.

6 항상 마음의 눈을 뜨고 있어라.

어느 여름, 해변에서 낮잠을 자고 있을 때 곁을 급하게 달려가는 사람 때문에 놀라 벌떡 일어난 일이 있었다. 무슨 일인가 해서 일어나 보니 거센 파도가 밀려오는데 구조대원이 익사 직전에 있는 소녀를 구하려고 뛰어들고 있었다. 그 구조대원은 언제 봐도 졸린 모습이었으므로 비상시에는 제 구실을 할까 하는 의구심이 이전부터 나에게 있었다. 나는 구조대원에게 물어봤다.

"주위가 소란한데 구조해달라는 소리가 들립니까?"

"언제나 귀는 날카롭게 열려 있지요. 그런 태세를 갖추고 있으면 언제라도 구조를 청하는 소리를 들을 수 있습니다."

이는 마음의 문제다. 하려고 하는 일에 정신을 집중하라. 정신이 산만해져서 코스에서 벗어나지 않도록 해야 한다.

7 과오는 잊어버려라.

잘못을 아무리 생각해도 이미 일어난 일은 변하지 않는다.

오히려 잘못된 방향으로 향하여 시간을 낭비하게 된다. 실패나 잘못이나 고전은 경험의 일부다. 그러나 거기에서 배울 것을 다 찾아낸 다음에는 깨끗이 잊어버려야 한다. 오늘에 살고 내일에 희망을 갖자. 헛된 일에 얽매여 힘을 낭비해서는 안 된다.

8. 새로운 아이디어에 마음을 열어라.

정해진 일을 변함없이 되풀이한다면 자주성을 발휘할 수 없다. 새로운 아이디어를 받아들이자. 적극적으로 새로운 것, 새로운 벗, 새로운 땅, 새로운 책, 새로운 선택에 몸을 맡기자. 그러면 모험을 즐겁게 맛볼 수 있으며 새로운 생각을 끌어내는 능력도 자랄 것이다.

재고품을 정리하기 위해 10센트에 세일하기로 어떤 세일즈맨이 사장을 설득한 것은 그 일례다. 그 시도는 성공적으로 진행되었으므로 그 세일즈맨은 5센트와 10센트의 물품만을 판매하는 점포를 내기로 했다. 사장은 출자해줄까? 아니, 그 아이디어는 지나치게 위험했다. 5센트나 10센트로 팔리는 물건에는 한도가 있었다. 그러나 사장은 후에 이렇게 말하지 않을 수 없었다.

"내가 그의 아이디어를 거절하기 위해 한 말은 한 마디에 100만 달러에 해당되는 셈이다."

긍정적이고 적극적인 생각을 한다

두뇌는 컴퓨터를 닮았다. 무엇을 기억하게 해도 군소리가 없다. 무엇이든 받아들이기는 하나, 문제의 해결이나 행동 방향을 정할 때에는 받아들인 것을 사용한다. 부정적인 생각을 머리에 넣어두면 부정적인 생각밖에는 보내지 않는다. 반대로 긍정적이고 적극적인 생각을 넣어두면 적극적인 것이 나오게 된다.

사업에 관한 조사보고를 취급하는 미국 굴지의 프랜티스 홀 회사는 《세법편람》을 발행하고 있다. 이것은 서비스로서 시작한 일이 아니라 한 권의 책으로서 출판될 예정이었다. 그런데 인쇄해서 제본에 착수한 그날에, 정부가 새로운 법률을 가결한 까닭에 그 책은 휴지나 다름없게 되었다. 아직 판매도 시작하지 않았는데 책의 내용이 시대에 뒤떨어지고 말았다. 이것이 얼마나 손해인지 생각해보자. 아무도 원하지 않는 책, 어떤 사람에게도 소용이 없는 책, 아니면 어디에라도 쓸 데가 있을까?

어떤 적극적인 두뇌의 소유자가 여러 가지로 생각한 끝에 좋은 해결방법을 생각해냈다. 제본된 것을 한 장씩 헤치고 한쪽에 구멍을 뚫어 링 바인더로 묶어 법령이 바뀔 때마다 그 부분만을 바꿔 끼도록 했다. 책을 만드는 것은 단념하고 언제나 최신의 세법을 제공하는 서비스를 팔기로 했다. 이 해결법은 대단한 성공을 거두었다.

내 친구 중에 밥 기리라는 사람이 있다. 그는 암에 걸렸는데 그 사실을 알고부터 우울한 날을 보내면서 부정적인 생각에 사로잡혀 삶의 의욕을 거의 상실하고 있었다. 그러나 '죽음의 선고'가 전해지자 그는 분발했다. 살고 싶은 생각이 든 것이다. 그에게 정열이 솟아났다.

"내가 언제 죽는지 알고 있는 것은 신과 나 자신뿐이다. 그밖의 사람들에게 죽음을 연상시키지 않겠다. 언제 죽는가는 내가 신의 의지와 함께 결정한다."

그는 자기의 두뇌 컴퓨터에 적극적인 생각을 집어넣었다.

"나는 산다! 이 난관을 극복하겠다."

그때까지는 암이 사라졌으면 좋겠는데 하고 외치면서도 화를 내기도 하고 저주도 했다. 그러나 적극적인 구호를 침실 문이나 화장실 거울에 붙이고, 암에 좋다는 식이요법을 받아들였다. 그리고 반드시 병을 이기고 살아남을 거라고 굳게 믿었다.

오늘날 밥 기리는 보험회사의 중역으로서 또 강연자로서 활약하고 있다. 그리고 자신의 시간을 쪼개어 봉사활동을 하고 있다. 그는 굳건한 자세를 가졌기에 패자에서 승자가 될 수 있었고 역경을 극복할 수 있었다. 그의 꿋꿋한 자세가 두뇌에 작용하여 의사가 선고한 죽음에서 그를 구했던 것이다.

두뇌 활동은 목적의식의 강도에 비례한다

환자가 상상의 병에 걸렸을 때 의사는 명목적인 약을 준다. 환자가 낫는 약이라고 생각할 뿐 사실은 아무 약효도 없는 영양제일 때가 많다. 그리고 환자는 이 약을 복용한 덕택에 나은 기분이 든다. 이러한 명목은 인간의 정신 상태를 연구하면서 시험해온 것으로, 그 효과는 놀랄 만하다.

학생들이 실제로는 성적이 퍽 나쁜 편인데도 불구하고, 교사는 그들을 뛰어나게 IQ가 높은 학생들이라고 생각해버린 예가 있다. 교사는 학생들을 머리가 대단히 좋은 것으로 보고 그렇게 다루었으며 정열적으로 지도했다. 그 결과 학생들은 이에 부응해서 열심히 공부하여 좋은 성적을 올리게 됐다.

누군가가 자기를 머리가 좋은, 능력이 있는 학생으로 생각해준다는 것만으로 이런 변화가 생겼다. 시키면 된다고 믿은 교사의 적극적인 지도에 학생들은 어김없이 반응을 보였다. 학생들의 이름 밑에는 이렇게 적혀 있었다. 125, 130, 138, 140, 165. 이것은 천재적인 IQ다. 교사는 그렇게 생각하고 그들을 대했으나 학년말에 교사는 그 숫자가 학생들의 고유번호에 지나지 않다는 것을 비로소 알았다.

이처럼 자기 자신에 대해서나 사람들에 대해서도 목적을 의식하고 그쪽으로 향하게 하기 위해서 지혜롭게 머리를 쓸 수 있을 것이다. 사람의 두뇌는 컴퓨터와 비슷하나 이 같은 인간 통찰에 기인한 작용은 컴퓨터로는 도저히 할 수 없는 귀중한 작용이다.

지금까지 말해온 정열이나 기억, 창조성, 잠재의식 등을 건설적으로 이용할 수 있는 힘은 누구에게나 있다. 그러나 이러한 힘을 발휘하느냐 안 하느냐는 각자에게 달려 있다. 따라서 자신에게 먼저 동기를 부여한 다음에 목표를 정한다. 그리고 그 목표에 집중함으로써 잠재의식이 활동하도록 만든다. 나아가 적극적인 사고방식을 가지면 정열적이 되고, 기억력도 좋아진다. 창조력을 일깨우고 잠재력의 힘을 빌려 문제를 해결할 수도 있다. 마음으로 바라고 또 그렇게 행동한다면 불가능한 일은 없다.

04 인생에 열정을 바쳐라

최고에 오른 사람은 모든 열정과 에너지,
노력을 쏟아 자신의 목표를 이룬 사람들이다 | 해리 트루먼

성공과 행복을 원한다면 우리는 그 목적을 달성하기 위해 스스로 노력하지 않으면 안 된다. 친구나 가족도 도움은 되나 결국 모든 책임은 자기에게 있다는 것을 명심해야 한다.

목적을 달성하기 위해서는 적극적인 사고를 가지고 행동으로 옮기지 않으면 안 된다. 이 기폭제가 되는 것이 정열이다. 정열이 넘칠수록 적절하고도 강력한 동기를 가질 수 있다.

우리가 스포츠 경기를 볼 때 자기편을 열정적으로 응원하듯이, 목표를 향할 때도 이와 같은 정열을 쏟을 수 있어야 한다. 인생에 대해 열광적이 되어야 한다. 이런 정신 상태를 적절히 형성하여 바른 방향으로 돌리면 목적달성에 큰 힘이 된

다. 흐느적거리는 텔레비전 쇼나 긴장감이 돌지 않는 운동시합만큼 싱거운 것은 없다. 마치 김빠진 콜라 같다. 그러나 거기에 정열과 흥분이 합쳐진다면 어떻게 될까? 우리의 눈은 텔레비전에 못 박힐 것이며 관중은 일제히 자리를 박차고 기립할 것이 분명하다.

인생은 콜라와 같다. 자극이 없으면 안 된다. 건강하고 행복한 아이는 매일을 얼마나 열중하면서 지내고 있는가? 어떤 이유에서건 많은 아이들이 커가면서 그러한 특성을 잃어가는 것은 유감스런 일이다.

정열의 불을 항상 태울 수 있는 사람이야말로 세계를 그의 손에 움켜 쥘 수 있다. 우리는 진정 열중과 호기심과 자신감과 기대를 가지고 다소의 위험을 무릅쓰고라도 과감히 인생에 부딪치며 살아가야 한다.

열중하면 가능성은 무한하다

우리가 무슨 일에든 열중을 다하면 그것이 실현될 가능성은 무한히 확대된다. 열중을 다했을 때 무슨 일이 벌어지는지를 살펴보자.

· 열중은 곤란을 도전으로 바꾼다.

세계에서도 유수한 출판사를 창립한 리처드 프렌테스는

언제나 '모든 일은 최선의 결과로 끝난다'고 믿고 있었다. 그의 회사가 여러 번의 위기를 맞았으나 그는 그 위기를 곤경으로 받아들이지 않고 도전으로 대처해왔다. 일단 도전으로 받아들인 다음에 문제를 해결하기 위해 전력을 다했다. 그 결과 회사는 날로 번창해갔다. 그는 자신이 암에 걸렸을 때조차 '일은 반드시 좋은 결과로 끝난다'는 믿음을 결코 의심하지 않았다. 이 신념 덕분에 좋은 치료를 받아 의사가 예상한 것보다 훨씬 오래 살아남을 수 있었다.

· 열중은 주위 사람들까지도 전염시킨다.
열중은 바이러스처럼 전염이 강하다. 한 사람의 열중은 다른 사람들에게도 그런 열중을 불러일으킨다.

· 열중은 정신을 자유롭게 한다.
열중을 하게 되면 긴장, 불안, 두려움 등이 사라진다. 나아가 마음이 자유로워지면서 창의력도 생기게 된다.

· 열중은 자신을 잘 알게 해준다.
열중과 적극적인 생각이 함께 작용하여 장점과 단점을 인식함으로써 자신을 분석하기 쉽게 해준다. 나아가 장점을 기르고 단점을 극복하는 데 도움이 된다.

· 열중은 목적을 실현하게 해준다.

열중을 하게 되면 자신감이 생겨 모든 일이 가능하며, 꿈을 실현할 수 있다고 믿게 해준다. 즉, 목적으로 향하게 하기 위한 연료가 되는 것이다.

열중을 위한 전략

열중도 훈련을 통해 습관화하기 위해서는 몇 가지 전략이 필요하다. 그 방법은 다음과 같다.

- 지나간 과오나 실패는 잊고 현재에 열중한다.
- 오늘 완수하려는 일의 리스트를 작성하여 거기에 열중한다.
- 자신의 목적에 초점을 맞추고 목적을 이룬 자신의 모습을 상상한다.
- 보다 큰 난관을 극복하기 위해서는 열렬한 정열이 필요하다는 것을 마음에 새긴다.
- 때로는 잠시 멈추고 목표를 순조롭게 이루고 있는지, 개선의 여지는 없는지 등을 검토해본다.
- 어느 단계까지 진행되면 어떤 형태로든 자신에게 보답을 한다.
- 마음에 그리는 것은 무엇이든지 할 수 있다고 끝까지 믿는다.

self
remodeling
power

2장

성공하는
새로운 인간형

01 인생을 걸 만한 목표를 가져라

> 하루하루가 마지막 날인 것처럼 살되,
> 내 삶이 백 년 동안 계속될 것처럼 계획을 세워라 | C. S. 루이스

    누구나 뚜렷한 목표를 가지고 살아야 성공적인 삶을 살 수 있다는 것을 알고 있지만 목표를 세워 그대로 실천하는 사람은 예상외로 많지 않다. 그러나 어느 분야에서나 성공한 사람들은 목표를 세우고 그 목표를 향해 어려움과 시련을 극복하고 꾸준히 노력한 사람들이라는 것을 알 수 있다.

목표는 인간에게 방향을 준다. 목표는 인생의 표적이며 성공의 핵심이다. 목표가 없는 인생은 의미도 성장도 그리고 행동도 없다.

목표 설정은 성공의 첫걸음이다

향상을 바라는 사람은 어떤 목표가 있고 그곳을 향하여 노

력하고 재능을 키워간다. 거기에는 계획이 필요하다. 한 인간에게 계획이 없다는 것은 건축업자에게 청사진이 없는 것과 같다.

폴 마이어는 목표 설정의 중요성을 강조하며 다음과 같이 말했다.

"모든 것을 실현시키고 달성시키는 열쇠는 목표 설정입니다. 내 성공의 75퍼센트는 목표 설정에서 비롯되었습니다. 목표를 정확하게 설정하면 그 목표는 신비한 힘을 발휘하게 됩니다. 목표 달성의 시한을 정해 놓고 매진하는 사람에게는 목표가 오히려 다가옵니다."

목표 설정을 위한 마음가짐

자기나 다른 사람들을 행복하게 하기 위해서는 이루어야 할 목표를 설정하는 것이 중요하다. 우수한 학생이 되고자 한다든지 또는 좋은 남편이나 아내가 되고 싶다든지 사업으로 성공하고 싶다든지 등 우선 그러한 장기적인 목표를 정한다. 그리고 그것을 달성하는 데 필요한 시간, 노력, 자금 등을 고려한다.

목표를 정하는 데는 일정한 방법이 있다. 법률이나 인도에 벗어나는 일은 안 된다. 그리고 이미 말했지만 가능성이 있어야 한다. 아주 불가능하다고 생각되는 일은 바랄 수도 없다.

그러나 목표를 세워서 노력하면 할 수 있으리라고 막연히 생각한 그런 일도 할 수 있는 경우도 없지는 않다. 또 목표가 자기가 싫어하는 일일 때에는 태도를 바꾸어 전력을 다해서 일에 몰두해야 한다. 도저히 일을 할 수 없다고 생각될 경우에는 목표를 세우기 전에 충족감을 느낄 수 있고 장래성 있는 새로운 일을 찾는 편이 좋다.

목표를 나누어 정복한다

지금부터 5년 후, 10년 후, 20년 후에 달성하고 싶은 목표를 어김없이 설정한다. 시기를 결정하는 것이 중요한 것은 목표를 일정한 단위로 나누어 단계별로 정복하기 위해서다.

예를 들어 1년에 12권의 책을 읽는다는 목표를 세웠다고 하자. 평균하면 1개월에 책 한 권을 읽으면 된다. 그리고 나는 1년에 1,000마일을 뛰기로 정했는데, 그렇게 하려면 1주일에 대개 20킬로 감량을 해야 하므로 단번에 그만큼 줄인다는 것은 무리다. 아마 의사도 1년 반에 걸쳐서 감량해야 한다고 할 것이다. 이 경우에는 1개월에 약 1킬로를 줄이면 된다는 결론이 나온다. 나눠서 정복하는 방법을 우습게 봐서는 안 된다. 훨씬 쉽게 목적을 달성할 수 있을 뿐만 아니라 정기적으로 진도의 내용을 점검할 수도 있다.

정기적으로 점검하는 것은 매우 중요한데, 그렇게 하면 예정대로 진척되고 있는지 그리고 좀 더 시간 여유를 가지고 할 것인지를 알 수 있다. 진척 상황을 때때로 확인하여 예정대로 진전되고 있음을 알게 되면 의욕도 솟는다. 그리고 만일 예정대로 진전되지 않았거나 예정을 앞지르고 있다면 그것을 가능한 빨리 재조정할 수 있다.

목표 달성 시에는 때때로 어떤 방법으로든 자기에게 보답해야 한다. 목표에 도달한다는 것은 용이한 일이 아니다. 그러므로 자기에게 그에 따른 보상을 해줘야 더 큰 다음 목표로 전진하기가 쉽다.

목표는 유연성 있게 세운다

아무리 주도면밀한 계획을 세워도 완벽하게 일을 성취할 수는 없다. 예측할 수 없는 일이 돌발하기 때문이다. 아무런 조짐도 없이 갖가지 장해가 생긴다.

위기는 일종의 기회인데 그것을 어떻게 잡느냐는 자신에게 달려 있다. 위기는 여러 가지 문제가 그렇듯 천부적 혜택이 모습을 바꾸어 나타나는 경우가 많다. 그렇기 때문에 목표의 계획에는 상황에 대응할 수 있도록 유연성, 즉 여유를 두지 않으면 안 된다. 어떤 이유로 계획을 연기하거나 서둘러서 일을 처리하지 않으면 안 될지도 모른다. 무엇인가 더 나은 방법을 찾게 될지도 모른다. 그러한 기회를 포착하는 데는 언제나 유연하고 여유 있는 태도를 유지하는 것이 중요하다.

전술에 능한 군인은 만약의 경우에 대비하여 항상 다른 작전을 생각해둔다. 이러한 제2차의 예비 작전은 그야말로 장애를 회피하는 수단으로 대비할 수 있다. 가능한 장애를 예상할 수 있다면 목표를 세우는 단계에서 제2의 계획을 생각해두는 것도 효과가 있다.

그러나 사전에 너무 치밀한 제2의 계획을 세우게 되면 좋지 않을 수도 있다. 목적을 달성하려면 끊임없는 노력이 필요한데, 제2의 계획이 손쉬울 경우 안이하게 그쪽으로 계획을 바꿀 우려가 있기 때문이다. 최초의 계획이 전력을 다해도 수행하기 어려울 경우 이외에는 제2의 계획을 그대로 보류해두어야 한다.

최초의 계획을 포기할 때에는 바른 판단이 필요하다. 안이한 기대를 가지고 판단을 그르쳐서는 안 된다.

목표 달성에는 타이밍이 중요하다

목적을 달성할 수 있느냐 없느냐는 타이밍과 관계가 있다. 우리는 때때로 목표를 세우거나 계획을 실행으로 옮길 때 시간을 늦추는 일이 있다. 움직여야 할 때는 지금, 바로 지금 움직여야 한다. 목표를 세운다는 것은 중대한 일이므로 일각이라도 지체할 수는 없다. 자기의 미래는 목표 여하에 달려 있다. 가족의 행복이나 친구관계, 사업상의 관계도 얼마나 빨리 행동하느냐에 달려 있다. 주저하지 말고 지금 당장 목표를 정하고 실행하라.

목표 달성에 필요한 시간은 목표와의 거리와 얼마나 노력할 수 있느냐에 달려 있다. 현실적으로 생각하고 신념과 인내력을 가지고 노력해야 달성이 가능하나, 길은 매우 험난할 것이다. 그러나 계획에 집념을 가지고 때때로 자기의 진전을 확인하며 격려해가면, 험난한 길도 일종의 자극으로 여겨 즐거움조차 느낄 수 있을 것이다.

새로운 목표를 세워야 할 시기를 놓쳐서는 안 된다. 언제나 전진하면서도 용기를 잃지 않도록 조심하자. 부정적인 생각을 가진 사람에게는 어떤 일도 상의해서는 안 된다. 기력을 잃게 하거나 불가능하다고 만류하는 것이 그들의 타성이기 때문이다. 충고를 바란다면 스스로 목표를 달성한 신념에 넘친 사람에게 청해야 한다.

최상의 자신을 머릿속에 그려본다

조종사는 이륙하기 전에 비행기를 체크 리스트에 의해 점검한다. 행복한 인생을 맞이하기 위해서도 체크 리스트가 필요하다. 그에 따라 단기와 장기 목표를 체크한다.

- 개인적인 것이나 사회적인 것을 망라한 뚜렷하고 정리된

목표를 세운다.
- 그 목표를 충분한 여유를 두고 생각한 다음에 계통을 세운다. 그것을 종이에 기록해본다.
- 자기의 생각을 총정리한다. 자기의 행방이나 목표 달성에 따른 모든 책임을 자각한다.
- 장애를 바로 본다. 문제를 밝히고 대안도 확인해둔다. 그 다음에 해결의 길을 택한다. 그 사이에도 전진을 계속한다.
- 목표는 기다리는 것이 아니고 인생에 필요한 것을 차지하기 위하여 행동한다는 것이다.
- 단기 목표를 세우면 장기 목표가 수월해진다.
- 중요한 순서대로 목표의 달성체계를 세운다.
- 가끔 목표를 재검토해본다. 그리고 진척상황을 점검한다. 목표는 현실적인가, 더 높게 세워야 했는가, 목표를 낮춰야 하지 않을까, 경험을 쌓은 다음에도 가치가 있는 목표일까, 자신은 전력을 다하고 있는가 등을 자문자답한다.
- 필요하다면 제2의 계획을 세운다. 그렇다고 최초의 계획을 포기하지는 말자.
- 결단력을 발휘한다. 목표를 향한 길을 택하여 지금 곧 발걸음을 옮기자.

- 도중에 문제가 생기면 그것을 계기로 바꾸도록 준비한다.

 최상의 자신을 생각하면 목표를 향한 의욕이 솟을 것이다. 자기가 되고 싶은 사람이 되어 있을 때를 상상해보자. 그리고 그것을 뇌리에 새겨두자. 다음에는 정상에 있는 자신을, 자기가 되기를 바랐던 인물의 수준으로 끌어올리려면 어떻게 해야 하는지 생각해보자. 그렇게 함으로써 목표가 어떤 것이어야 할지가 결정된다. 현재의 자신을 보다 좋게 발전시키는 단계, 그것이 목표라고 할 수 있다.

02 | 새로운 인간형 '셀프 스타터'

> 남이 믿어주지 않아도 성공하는 사람은 많다.
> 그러나 자신을 믿지 않는 사람이 성공하는 경우는 거의 없다 | 허브 트루

수동 크랭크로 자동차의 시동을 걸었던 적이 있었다. 특히 엔진이 차게 식었을 때는 이 작업은 쉬운 일이 아니었다. 게다가 크랭크를 돌리고 있을 때 팔을 다치기 쉬워서 안전하다고 장담할 수 없었다. 곧 안전하고 편리한 자동 엔진이 등장하고 낡은 수동식은 자취를 감췄다. 가는 곳마다 자동 기계가 등장하여 사용되기 시작했다.

그런데 인간은 과연 자동화되었는가? 분명히 일부의 사람은 그렇다. 그들은 이른바 '셀프 스타터(스스로 움직이는 사람)'로, 남이 시키지 않으면 행동할 수 없는 사람보다 먼저 출발하게 된다. 자발적으로 움직여 목적 달성을 위하여 행동하는 사람은 눈을 뜨는 순간부터 하루의 시간이 자기 것이다.

당신은 셀프 스타터인가? 아니면 엔진을 거는 데 크랭크를 돌려주는 사람이 없으면 움직일 수 없는 자동차 같은 사람인가?

하루를 기분 좋게 시작한다

마당의 우물에서 수동펌프로 물을 길을 때에는 물을 미리 마련해두고 물이 솟아날 때까지 물을 넣으며 펌프질을 해야 했다. 펌프에 앞당겨 넣는 물이 물을 솟아나게 하는 것이다. 그렇다면 인간에게 이 앞당겨 넣는 물이란 무엇인가.

셀프 스타터는 자기의 펌프에 앞당겨 물을 붓는다. '오늘은 좋은 일이 있다'는 기분으로 일어난다. 목표가 뚜렷하게 각인되어 있어, 거기에 도달할 계획을 세우고 전력을 다하여 적극적인 태도로 문제를 이끌려는 결의로 불타게 된다. 남에게도 무엇을 해줄 수 있을까 하는 선의가 넘친다.

하루는 헛되게 보낼 수 없는 하나의 기회다. 셀프 스타터는 이러한 기회를 결코 허비하는 일이 없다.

이처럼 매일 충만한 마음으로 전진할 수 있는 것은 무엇 때문일까. 그것은 자신이 있기 때문이다.

자기를 겸허하게 분석한다

동기부여에 자신감은 빼놓을 수 없는 요소다. 그러나 자신감은 자기 분석을 하고, 하고 싶은 일은 무엇이든지 할 수 있다는 확신을 가질 수 있도록 끊임없이 힘을 기르지 않으면 생기지 않는다.

자신감은 에고이즘과는 다르다. 내부로부터의 힘을 기르고 행동하는 용기를 주는 것은 다름 아닌 겸허한 자기 분석이다. 셀프 스타터는 자기의 장점과 단점을 가릴 줄 알아 단점을 끊임없이 장점으로 바꾸려고 한다. 그리고 인간은 행동을 통해서 배운다는 것을 알고 있으므로 위험이 가로막아도 행동하기를 두려워하지 않는다.

그에게는 헛된 시간이라는 것이 없다. 어떤 순간도 무엇인가에 요긴하게 쓰이고 있다. 기도나 명상의 시간은 레크리에이션이나 새로운 발견의 시간처럼 그의 성장에 중요한 역할을 한다. 읽는 책이나 친구도 목표의 의미를 더해준다. 아침에 일어날 때 생각한 것처럼 '멋진 하루'를 지낼 수 있도록 자신이 그날을 멋진 하루로 처리하기 때문이다. 목표는 종착점이 아니라 보다 큰 목표를 향한 발판에 지나지 않는다.

조직 속에서 남보다 앞서는 사람은 바로 셀프 스타터다. 그래서 이러한 사람들이 선택된 자리를 갖는다. 매일같이 직원 한 사람마다 격려해서 동원하는 데는 시간과 노력을 따로 들여야 하기 때문이다. 셀프 스타터는 남의 권유 없이도 자신의 향상심에 의해 움직인다. 자신감과 동기부여가 함께 하여 적극적인 행동을 촉발한다. 셀프 스타터의 행동은 말하자면 적극적인 행동이다.

하루의 반은 생산적인 일을 한다

스포츠 선수가 연습에 몰두하여 기어이 그가 목표로 했던 왕좌를 차지할 때 나는 언제나 새삼스러운 감동을 받는다. 올림픽 10종 경기의 영웅인 브루스 제너라는 선수가 있었다. 그는 1976년의 올림픽을 겨냥해서 3년간을 꼬박 준비에 열중했다. 질타와 격려를 해주는 코치가 없는데도 오로지 혼자 외로운 연습에 몰두했다. 그는 가능성이 많은 선수이긴 했지만 올림픽에서 금메달을 딸 것이라고 생각하는 사람은 아무도 없었다. 그러나 그는 자신을 믿고 있었으며, 노력만 한다면 10종 경기에서 금메달을 딸 수 있다고 생각하자 기다렸다는 듯이 금메달은 그의 것이 되었다.

그 비결을 알고 싶은가? 그것은 보물지도의 힘이었다.

그는 보물지도를 그려서 침대 위의 천장에다 붙여 두었다. 그 보물지도란 10가지 경기 모두에서 승리하여 월계관을 쓰고 있는 자신의 그림이었다.

그는 매일 밤 잠들기 전에 그 그림을 뚫어져라 바라보았고 매일 아침 눈을 뜨고 가장 먼저 하는 일은 올림픽 금메달리스트 브루스 제너를 보는 것이었다. 즉 시각화를 통해 잠재의식

속에 자신의 꿈을 각인시킨 것이다.

패배를 모르는 요기 베라의 경우도 마찬가지다. 키가 작고 연약해 보이는 그가 1947년에 양키스 팀에 입단했을 때 사람들은 그를 비웃었다. 2루에 있던 러너를 아웃시키려다 심판에게 공을 던진 일도 있었다. 그러나 그는 자기의 목표를 마음속에 다지면서 단념하는 일이 없었다. 그 역시 셀프 스타터로 자기 스스로 단련했다. 자기 팀의 피처를 돕기 위해 상대 팀의 타법을 연구했다. 연습 후 혼자 남아 자신의 배팅을 개선하기도 했다. 그 결과 어떻게 되었는가?

385개의 홈런을 때리고 월드 시리즈에서 아직 아무도 깨지 못한 여러 개의 훌륭한 기록을 수립했다. 또 아메리칸 리그에서는 3회나 최우수선수로 뽑혔다. 누군가에 의해서가 아니라 그는 스스로 행동을 취했으며 목표 달성에 필요한 자신감과 동기를 가지고 있었던 것이다.

최종목표를 뛰어넘어 더욱 먼 곳을 겨냥하는 행동과 그 자리에서 만족해버리는 것의 차이는 대수로울 것이 없다고 생각할지 모르나 사실은 거대한 차이가 있다. 멀리, 보다 멀리 스스로 몰고 가면 별에까지 손이 닿지 않을까.

자신감 넘치는 기상으로 결정했다면 그 무엇에도 방해받지 않겠다고 맹세해야 한다. 자기에게는 자신감이 있어 굴하는 일은 결코 없다고 그리고 그 자신감을 부단히 행동으로 옮길 것도 결의하지 않으면 안 된다. 행동을 통해 비로소 목적에 도달할 수 있기 때문이다.

목표를 향해 행동을 취할 때 중요한 것은 즐거워하면서 열심히 노력하는 일이다. 한 텔레비전 인터뷰에서 나는 홀리데이 인의 창설자 케먼스 윌슨에게 사업성공의 비결을 물은 적이 있었다. 그는 다음과 같이 대답했다.

"성공하기 위해서는 적어도 하루의 반나절은 일해야 한다고 생각합니다. 낮의 열두 시간이든 밤의 열두 시간이든 그것은 문제가 아닙니다."

03 | 변화와 성장을 모색하라

> 모든 사람들이 세상을 바꾸겠다고 생각하지만
> 어느 누구도 자기 자신을 바꿀 생각은 하지 않는다 | 레오 톨스토이

인생에 변화는 따르기 마련이다. 우리를 둘러싼 환경이나 자연계, 습관, 행동양식, 생각 등 모든 것이 변화하고 있다. 우리가 어떻게 변화를 만들어내고, 일어난 변화를 어떻게 받아들이고 또 대응하느냐에 따라 우리가 성장하느냐 못하느냐가 결정된다고 할 수 있다.

모든 것이 끊임없이 변화하고 있는데도 불구하고 인간은 변화에 역행하려는 경향이 강하다. 변화가 인간의 생활이나 활동에 미지의 요소를 가져오기 때문이다. 지금 문제가 있어도 미래에 도전하기보다는 현재에 머물고 싶어한다. 그 편이 안전하며, 과거에 있었던 일이 오히려 알기 쉽고 대처하기 쉽다고 느낀다. 설사 불행해도 안전하다고 느끼면, 문제를 그대

로 둔 채 살려고 한다. 즉 해결할 수 있을지도 모르는데 새로운 문제를 일으킬 가능성이 있는 사건을 마음대로 무시하여 소극적인 생각의 그늘로 피해버리는 것이다. 가급적 변화라는 충격에서 멀어지려고 한다. 이러한 생각은 우리를 어디로 이끌어갈 것인가? 결코 우리를 어디로도 이끌어주지 않는다.

변화에 참가한다는 것은 성장한다는 것이다. 변화 없이는 성장도 없다. 작은 떡잎이 큰 풀이 되고, 송이가 꽃잎으로 되고, 병아리가 껍질 속에서 나와 닭이 되는 것처럼 생명이 있는 모든 존재는 변화와 성장으로 이루어져 있다.

급변하는 환경에 도전·적응한다

변화를 받아들여 적응하면서 계속 성장하는 사람이 승리자가 되고 성공자가 된다. 변화에 적응하지 못하는 사람은 성장하지 못한다. 그러나 시기적절한 성장이 어렵다는 것은 자연계를 살펴봐도 잘 알 수 있다.

식물은 굳은 땅에서 싹이 트고 돌덩어리를 헤치고 가지를 뻗어 꽃을 피운다. 냉엄한 자연환경은 식물을 단련시켜서 살아남게 한다. 그것을 이겨내는 힘이 없으면 시들어버릴 것이다. 식물이 사는 목적은 성장해서 꽃을 피우고 다음 세대에 자손을 남기기 위해 종자를 남기는 일이다. 식물은 종족 보존을 위해 험한 환경에 도전하며 적응하고 있다. 그것이 승리자가 되는 길이다.

　인간도 식물과 같지 않을까? 목적을 가지고, 설사 곤경에 부딪치는 일이 있어도 변화에 순응하지 않으면 안 된다. 왜냐하면 그것이 성장이며 변화는 '승리자'가 되기 위한 힘을 제공해주기 때문이다.

　성장하고 싶다는 마음은 내부에서 용솟음쳐 나와야 한다. 식물은 누구에게 강요당하는 것이 아니라 자기 스스로 돌을 젖히고 뻗어나간다. 우리도 장애를 무릅쓰고 이것을 헤치고 성장하지 않으면 안 된다.

　성장은 새로운 일을 시도하려는 용기와 자신감을 의미한다. 또한 성장의 과정에서 나무가 성장하기 위해 묵은 잎을 떨구는 것처럼, 낡고 시대에 뒤떨어진 것을 버린다는 것도 의미한다. 당연히 거기에는 불안과 위험이 따른다. 앞에 무엇이 기다리고 있는지 알 수 없기 때문이다.

　그러나 두려워 말고 미지의 나라를 탐험하자. 동시에 흥미를 돋우는 일, 가슴이 뛸 만한 일에 시선을 돌리자. 성장은 때로는 고통이 따른다. 하지만 성장의 열매는 매우 달콤하다.

성공은 진행형이다

　일반적으로 성공이라고 하면 어떤 행위가 '해피 엔드'로 끝나는 일이라고 생각하고 있다. 웬일인지 성공에 해피 엔드는 당연한 것으로 생각하고 있으나 실제로 성공은 결코 그칠 줄 모르는 여로의 도중에 지나지 않는다. '무엇을 성취했다'고 완료형으로 일컬어진 인물은 이미 과거의 성공자에 지나지 않는다. 그의 활동은 끝나버렸다. 어떤 성공도 영원할 수는 없다.

모험가가 아닌 다음에야 누가 콜럼부스가 사용했던 작은 배로, 또는 메이플라워 호와 같은 배로 대서양을 횡단하기 좋아할 사람이 어디에 있겠는가? 보다 빨리 목적지에 도착하여 나머지 시간을 다른 일에 쓰려고 하지 않을까? 라이트 형제도 현재까지 살아 있다면 연료탱크를 분리하면서 화성이나 목성, 아니 더 먼 데까지 날아가는 로켓을 목격한다면 자기들의 처녀비행 같은 것은 잊어버리고 말 것이다. 콜럼부스도, 청교도도, 라이트 형제도 우리 역사에는 중요하다. 그러나 시대의 변화는 그들의 성공을 훨씬 초월한 것이다. 그 점은 그들 자신이 맨 먼저 인정할 것이다.

어떤 성공도 그것을 초월하는 것이 뒤따른다. 게다가 그 시기는 사람들의 생각보다 훨씬 앞당겨지고 있다. 그러므로 끊임없이 새로운 목표와 꿈을 품지 않으면 하나의 성공을 이룩하자마자 곧 과거의 인물이 되어 밀려나고 만다. 어느 정도의 성공을 거두면, 거의 대부분의 사람은 거기에 안주하여 그 공적이나 명성도 잊혀져버린다. 그렇지 않았던 사람들의 예를 들어보자.

인디애나 대학의 수영코치, 독 카운셀만. 그는 58세 때 영국 해협을 헤엄쳐서 최연장자 기록을 세웠다. 또 50세 전반까지 내셔널 하키 리그에서 선수생활을 계속하던 고디 하우는 자기 나이의 반밖에 안 되는 젊은 선수와 싸워서 져본 적이 없었다. 그리고 샌프란시스코 주립대학의 학장직을 사임한 후, 정년퇴직한 하야가와는 70세에 이르러 상원의원이 되었다. 하야가와 상원의원은 성장에 관한 철학을 가지고 있었다.

"변화에 맞서지 못하면, 인간은 나이를 먹게 된다고 생각합니다. 정년 또한 즐겁지 않을 수가 없습니다. 지금까지 하고 싶어도 시간이 없어 못한 일들을 할 수 있게 됐으니 말입니다. 기력만 있다면 65세가 되어도 안전한 생활을 버리지 않으면 안 됩니다."

이 철학을 실행한 사업가가 있다. 로이 스미스, 그는 86세에 보험대리점을 시작하여 2년 후에는 100만 달러가 넘는 보험모집을 했다. 이러한 사람들은 모두 앞서서 위험 속에 뛰어들어 저항을 겪으면서도 성공을 거둔 사람들이다. 록펠러나 에디슨 같은 사람도 마찬가지다.

현실에 바탕을 두고 자기 일을 평가한다

자신을 되돌아보는 행위도 성장의 일부다. 회사는 정기적으로 영업방침을 검토한다. 어떤 제품이 팔리고 있는가? 이익은 오르고 있는가? 예상을 밑돌고 있지는 않은가? 공인회계사가 장부를 조사해서 경영 상태가 건전한지 어떤지, 회사가 업계에서 발판을 잃지나 않았는가도 검토한다. 방침을 당장에 변경하지 않으면 도산할 위험은 없을까? 목표나 예상에 대하여 현재의 상태를 살펴본다.

우리가 진지하게 목표를 정하고 이를 향해 달려가야 한다면, 사전에 자신을 돌아볼 필요가 있다. 자기를 알고, 자기가 하고 있는 일을 바르게 평가하려면 시간을 들이지 않으면 안 된다. 겸허한 반성이 필요하나 이 경우에도 완전히 현실적으로 다루지 않으면 무의미하다. 반성은 배운 것을 확인하고 새로운 전진을 자각하며 필요하다면 목적을 변경하여 먼저 할 일을 재정리하기에 좋은 기회다. 그리고 자기를 전면적으로 검토하여 불가능하다고 생각했던 일을 이룰 수 있다는 긍지를 가지기 위한 기회이기도 하다.

전진을 방해하는 것이 있다면 그것은 무엇인가? 그것을 어떻게 하면 되는가? 낡은 습관에 얽매어 있지는 않았는가? 과거의 실패에 구애를 받고 있지나 않은가? 이런 사항들을 점검하면서 자세를 고쳐나가는 것이 중요하다. 어제는 다시 돌아오지 않는다. 중요한 것은 오늘 그리고 내일 무엇을 하느냐이다.

자신에 대한 플러스와 마이너스를 리스트에 적는다

공인회계사가 사용하는 어카운트라는 방법은 재미있다. T자의 왼편에 자산 즉 자가용이나 가옥 같은 소유물을 기재한다. 오른쪽에는 부채나 차용금의 종류를 적는다. 양쪽의 난을 종합 계산하여 부채가 자산을 웃돌면 문제가 되고, 자산이 많으면 건전 재정인 셈이다. 자산이 많아질수록 좋은 것은 물론이다.

자기 자신에 대해서 정기적으로 이러한 리스트를 작성해보는 것도 흥미로울 것이다. 부채의 요소(공포감, 의혹, 핸디캡, 자기는 틀렸다고 생각하는 마음)와 자산의 요소(능력, 가치 있는 경험, 재능, 친구, 지식 등)를 낱낱이 적는다. 그 균형이 어떤 결과로 나올까? 이 리스트는 일이 막혔을 때 어떤 활로를 열어줄 것이 분명하다. 부채의 요소가 우세할 때조차 자기에게 부족한 것을 안다는 것은 개선의 여지가 있기 때문이다.

04 목표에 전력을 다하라

> 몰입은 정치, 전쟁, 비즈니스 등
> 인간사의 모든 경영에 있어 힘의 비결이다 | 랠프 월도 에머슨

제대로 목적에 도달하기 위해서는 자기가 가진 모든 것을 거기에 쏟아 부어야 한다. 그런데 우리는 에너지의 반밖에 쏟지 않고서 이것은 내 본심이 아니야 하는 투로 임하는 일이 얼마나 많은가.

누군가 자기와 같은 정도의 사람이 같은 목표를 겨냥하면서 경쟁을 하고 있다면 그 사람보다 더 힘을 내서 전력을 다하지 않으면 이길 수 없다.

애착과 결의와 열중으로 목표 달성에 힘쓴다

목표에 전력을 다하는 데는 애착과 결의와 한결같은 열중이 필요하다. 노력의 대상에는 그칠 줄 모르는 애착을 가져야

하고, 목적 달성에는 의심이나 주저 없는 결의가 필요하다. 정열을 밖으로 내뿜기 위해서 뿐만 아니라 속으로 정열과 결의를 굳히기 위해서도 오직 행동에 집중할 필요가 있다.

애착을 가지느냐 그렇지 않느냐는 태도와 관련이 있다. 자기의 목표에 진심으로 매력을 느끼고, 그것이 자기나 다른 사람들에게 행복을 가져다준다고 생각한다면 힘을 다해서 추구해야 한다. 이와 같이 성취하겠다는 강한 욕구가 없다면 목적을 달성하기는 어렵다.

애착을 가장 힘차게 표현한 것이 열중이라고 하겠다. 한결같이 열중하는 태도로 목표 달성에 전력을 집중해야 한다. 이것이 다름 아닌 적극적인 생각의 근본이다.

나는 항상 적극적인 방향으로 계속 움직이고 있다. 지금까지 그런 일은 못한다, 해서는 안 된다, 능력이나 교양이나 경험도 없다는 말들은 사용해오지 않았다. 내 행동을 부정하는 의견은 이미 그 씨를 말려버렸다. 그 대신 나는 목표를 향해 한결같은 노력을 계속해왔다. 나와 함께 일하는 사람들도 마찬가지다. 우리들의 미친 듯한 노력이 열매를 맺고 불가능하던 목표가 실현된 것이다.

불가능을 가능으로 바꾸는 사람

픽 오래된 일인데, 캔자스 주의 엘크에 있는 규모가 작은 초등학교에서 두 형제가 일하고 있었다. 이 소년들의 일은 매일 아침 일찍 일어나 교실의 난로에 불을 피우는 것이었다. 무척 추운 어느 날 아침, 둘은 여느 때와 다름없이 난로를 청소하고 장작을 넣었다. 형이 등유 통을 날라 와서 장작에 약간 붓고 성냥으로 불을 켰다.

그런데 낡은 교실을 파괴할 만한 폭발이 일어났다. 배달이 잘못되어 등유 대신에 휘발유가 들어 있었던 것이다. 형은 즉사하고 동생은 다리에 큰 화상을 입었다.

진찰에 나선 의사는 절단하는 것이 가장 안전한 방법이라고 말했다. 그러나 소년의 부모는 결단력 있는 신념의 사람들이었다. 자식 하나를 잃었는데 남은 자식까지 절름발이로 남기고 싶지 않았다. 부모는 수술을 하루만 미루어달라고 의사에게 청했다.

다음날 부모는 의사에게 다시 하루만 미루어달라고 했다. 하루만 더, 하루만 더, 이렇게 해서 일주일이 지나고 한 달이 지났다. 그 사이에 부모는 소년의 마음에 언젠가는 틀림없이 걷게 된다는 신념을 심어주었다.

드디어 붕대를 푸는 날이 왔다. 소년의 한쪽 다리는 무려 17cm나 짧아져 있었다. 오른쪽 발도 불에 타서 거의 남아 있지 않았다.

그러나 소년은 동요하는 빛도 없었으며 결의가 대단했다.

서서히 지팡이를 벗어나 혼자 걸을 수 있게 되었다. 그리고 머지않아 뛸 수 있을 정도로 회복되어갔다.

이 소년이 바로 '세계 제1의 발 빠른 사나이'라는 별명을 가진 그렌 키니감이다. 절단 직전까지 갔던 발의 소유자가 장거리 주자로서 기록될 줄을 누가 상상이나 했겠는가. 그렌의 이름은 세기의 선수로서 메디슨 스퀘어 가든에 기록되어 있다.

그의 이야기는 굳은 결의와 불굴의 투지로 치명적이라고도 할 신체적 장애를 극복하여 불가능한 목표에 도달한 사나이의 이야기다. 우리들이 겪는 장애 같은 것은 그렌이 세계적인 장거리 육상선수가 되기 위해 극복한 장애에 비하면 비교도 안 될 정도로 왜소한 것이라고 할 수 있다.

자기의 목표를 공표한다

정직하게 공표한다는 것은 중요하다. 무엇인가를 시작할 때 당연히 어떤 재능이나 상식, 판단력, 그리고 몇 가지 목표가 있어야 할 것이다. 그리고 계획을 실행할 단계가 되면 목표를 달성하기 위해서 해야 할 일은 무엇이든지 하겠다고 솔직히 공언해야 한다. 그래야 목표에 온 정력을 쏟을 수가 있다. 남 앞에 공언을 해두면 그 약속을 지키기 위해 마지못해서라도 해내지 않을 수 없게 된다.

인생에는 어쩔 수 없는 체면도 필요하다. 따라서 실패하거나 놀림감이 되어도 해내지 않으면 안 된다. 과연 해낼 수 있을까 의심하고 비웃는 사람들을 무시하고 전력을 다하는 용기와 결의가 필요하다. 조롱거리가 된 요기 베라가 어떤 일을 해냈는가? 다시 한번 회상해보자.

마이너스 요인을 분발의 동기로 삼는다

결의를 굳혀서 온힘을 다한다는 것은 수단 방법을 가리지 않는다는 의미가 아니다. 아칸서스의 미식축구의 코치 루 홀츠를 예로 들어보자.

홀츠는 자기 팀 레저 막스를 오렌지볼에 출전시켜 주전선수 3명을 채우지 못한 채 오클라호마 제2의 팀 스나즈와 대전하게 했다. 빠진 선수 중의 한 사람은 강력한 러닝백이고, 다른 한 사람은 최고의 리시버였다. 학교에서 있었던 불상사에 관련된 주전 3명이 출전정지를 선고받고 있었다. 세 선수의 출전정지에 따라 그는 이긴다기보다는 팀에게 긍지를 심어주는 편이 중요하다고 생각해서 출전한 것이다.

오크라호마의 스나즈는 아칸서스의 주전멤버가 한 사람도 안 빠졌을 때에도 18점이라는 차가 날 정도의 강적이었다. 그러나 이 역경에도 아랑곳하지 않고 홀츠는 시합에 대비하여 팀을 훈련시켰다. 그리고 교묘하게 동기를 갖게 함으로써 출전정지라는 비참한 조건을 오히려 팀을 분기하게 하는 요소로 바꾸었다.

그 결과는 어떻게 됐을까? 열세의 레저 막스는 강력한 스나즈를 누르고 오히려 18점 차로 이긴 것이다. 이 차는 능력이 아니다. 분명히 스나즈 쪽이 강한 팀이었다. 동기가 승리를 가져오게 한 것이다.

행동을 조정한다

고속도로를 시속 80마일로 달리고 있다 하자. 이것은 하나의 행위이다. 그러나 거기에 차를 모는 사람이 없다면 그 행위는 무의미하다. 인간의 행동도 마찬가지다. 자기가 하고 있는 일을 조절하지 못한다면 선악이나 이익 따위의 판단도 통용되지 않는다.

목적을 이루려는 사람은 자기를 조정할 수 없으면 안 된다. 자신의 장점과 단점도 충분히 알지 않으면 안 된다. 곤경에 대처하고, 실패를 극복하며, 다른 사람들과 잘 교류하는 방법들도 알아두어야 한다. 무분별하며 사람들을 위한 마음을 갖추지 못했다고 확신하면 주저 없이 결단을 내리고 실행에 옮겨야 한다. 사람에 대한 애정을 끊어서는 안 된다. 자기가 이루어 놓은 업적에 대해서 겸허한 정신을 갖지 않으면 안 된다.

안전한 행위와 위험한 행위는 종이 한 장 차이일 때가 많다. 이 구별을 인식할 수 있어야 한다. 갈피를 못 잡는 일이 있으면 천천히 걸음을 멈추고 생각해보라.

노력하는 정신을 가진다

지금 자신이 가진 힘이 자기 능력의 한계라고 생각하기 쉽다. 그러나 인간은 그 이상의 일을 할 수 있다. 예를 들어 장거리 주자를 생각해보자. 전력을 다해서 뛰었으나 3등에 그쳤다고 하자. 다음의 레이스에서 그 이상의 속도로 달리지 않으면 안 된다. 그럴 때에는 어떻게 해야 하는가. 우승을 겨냥해서 훈련한다. 그러면 이전에는 최고라고 생각했던 것보다 더 좋은 기록으로 달릴 수 있게 된다.

오늘 자신의 기록이 최고라고 해서 내일도 그것이 최고일 필요는 없다. 조금 더 노력하면 다음 고비를 넘기는 것이 그리 어렵지 않은 경우도 많다.

05 목적의식을 가지고 행동하라

세상은 자신이 어디로 향하는지 아는 사람을 위해 길을 만든다

| 랠프 월도 에머슨

배트를 휘두르지 않으면 홈런을 칠 수 없다. 행위가 있어야만 결과가 있다. 목적의식을 가진 사람들은 행동이 있어야 비로소 목표가 달성된다는 것을 알고 있다. 지금 당장 행동하라.

실패를 기회로 삼는다

결과가 어떻게 되는지 완전히 안 다음이 아니면 행동하지 않는 일이 많다. 즉 시작하기 전부터 성공한다는 확신을 원하고 있는 셈이다.

이것은 잘못된 생각이다. 목적을 향해서 움직이는 사람에게만 기회가 찾아온다. 에디슨은 백열전구를 발명하는 과정

에서 실험도 하지 않고 오직 기다리기만 한 것은 아니다. 사실 그는 실험을 하면서 거듭한 실패를 통해 다른 실험으로 전진할 수 있었다. 몇천 번의 실패를 거듭한 끝에 겨우 성공을 거두었다. 아무런 행동도 하지 않았더라면 에디슨은 전구를 발명할 수 없었을 것이다.

베이브 루스는 홈런기록을 수립하는 동시에 삼진을 당한 기록도 있다. 그는 배트를 휘두르지 않으면 홈런을 칠 수 없다는 것을 알고 있었다.

그러나 에디슨이나 베이브 루스가 실패한 횟수가 많아서 유명한 것은 아니다. 그들의 명성은 실패에 굴하지 않은 적극적인 행위로 얻은 것이다. 유명한 음악가들도 그들이 아직 미숙했던 시절에는 무수한 실패를 겪었고, 그 후에 성공한 사람이 되었다는 것은 누구도 기억하지 않는다. 결점을 극복하여 명수가 되었을 때라야 그 훌륭한 연주가 사람들의 기억에 남는 것이다. 그런데 명연주를 할 수 있게 된 것은 수없는 실패라는 밑거름의 덕택이다.

최선보다 나은 차선도 있다

다시 한번 에디슨과 베이브 루스의 이야기로 되돌아가보자. 두 사람 다 위업을 성취하기까지 수없는 실패를 맛보았다. 그러나 실패는 무엇이 잘못이었는가를 가르쳐주었고, 성공으로 이끌어주었다. 에디슨이 만일 부정적인 생각을 가진 사람이었다면 우리는 지금까지도 촛불 밑에서 살고 있어야 할지도 모른다. 베이브 루스가 그랬다면 그는 무명의 존재로 끝났을 것이다. 그러나 그들에게 실패는 일시적이었으며 오히려 목표달성을 위해 그 실패를 이용할 줄 알았다.

오마 브래들리 장군은 유럽전선에서 용맹을 떨치고 부대로부터 헌신적인 존경을 받은 인물인데 그는 행동에 대해서 다음과 같이 말했다.

"최선의 결정이라도 시간이 너무 걸리거나 마음에 덜 차는 상태에서 실행된다면 차라리 재빠르게 열정적으로 실행할 수 있는 차선의 결정이 낫다. 일상생활도 전쟁과 같다. 우리는 주어진 하나의 인생을 살고 있다. 그런데 그 속에서 주위의 상황이 결심하게 할 때까지 기다리느냐, 아니면 스스로 행동하며 사느냐를 결정하는 것은 자기 자신이다."

행동에서 지혜와 독창성이 생긴다

행동이 얼마나 가치 있는지를 알기 위해서는 행동하지 않을 때를 상상해보면 된다. 축구시합을 한번 생각해보자. 선수가 입장은 하지만 꼭 이긴다고 장담할 수 없기 때문에 혹은 실패나 비웃음이 두려워서 시합을 시작하지 못한다. 객석에서는 응원도 없고 스코어보드에 점수도 올라가지 않는다. 아무 일도 생기지 않았기 때문에 지루했던 관객은 돌아간다. 입장권을 물려달라는 인파는 쇄도하고 광고업자는 계약을 취소한다. 경기로 흥분하고 들끓어야 할 하루가 유산이 되어버린다.

사람은 행동을 기대한다. 그것이 격심하고 고통스러운 만큼 선수의 가장 멋있는 활약이 최대의 매력을 발휘한다. 힘든 육체적 활약이 대단한 효과를 올리는 것이다. 이것은 보통 사람의 목표에도 적용이 된다. 목표를 달성하기 위해서는 힘든 노력이 따르며, 이것을 적극적으로 받아들이지 않는다면 목표 따위는 아무 의미도 없다.

행동은 최고의 치료법이다. 의심도 불안도 그리고 근심도 날려버린다. 실패나 잘못을 이용해서 플러스의 힘으로 바꿔놓는다. 문제를 해결하는 지혜와 독창성도 생기게 한다. 압력이 다가와도 평온을 지키고, 경험에 의해 차선의 방법을 생각할 수 있게 된다. 행동이야말로 가장 좋은 것을 끌어내주는 성공의 암호이다.

자기 장점은 행동함으로써 안다

행동도 훈련할 수 있다. 훈련은 잘못을 지적해서 다시 되풀이 못하도록 몇 번이라도 이용할 수 있는 방침이므로 해결책을 익혀 그것을 충분히 이용해야 한다.

수영에서 승리를 거두고 싶다면 그에 따른 노력과 함께 올바른 수영법을 택해야 한다. 목표를 향할 때에도 마찬가지로 보다 빠르고 확실히 진보할 수 있는 방법을 빨리 찾아내서 그 방법을 사용해야 한다.

"성공만큼이나 잇달아 일어나는 일은 없다."는 속담이 있는데 정곡을 찌르는 말이 아닐 수 없다. 옳은 결단을 내렸다는 것을 알면 같은 상황이 일어날 때마다 몇 번이라도 같은 판단을 내리면 된다. 이것은 의사가 환자를 대하는 방법과 같다. 의사는 그 환자가 완전히 회복할 때까지 같은 약을 계속 쓰게 한다. 이것이 목적에 맞는 행동이다.

행동하지 않으면 행복도 없다

"행동했다고 반드시 행복하게 되는 것은 아니지만, 행동하지 않으면 행복해질 수도 없다."

이것은 영국의 정치가 디즈레일리의 말이다. 그런데 나는 여기에 이렇게 덧붙이고 싶다. 행복을 가져오지 못한 경우에도 행동은 만족을 가져온다고. 왜냐하면 무엇인가를 이루도록 하는 동기부여야말로 목적달성의 열쇠이며, 100퍼센트 힘을 다하고도 성공은 못했을망정 자기는 전력을 다했으며 좋은 경험이었다는 자각이 있다면 큰 만족을 느낄 수 있기 때문이다.

해내고 싶다는 불타는 갈망이 있으면 그것을 향해 행동하는 동기가 생길 것이며, 행동은 그것을 성취하는 유일한 길이다. 따라서 자기가 생각하는 바를 실행하는 용기를 갖자. 자기가 될 수 있는 한 최고의 인물이 되겠노라고 결심하고, 원하는 것을 내 것으로 만들기 위한 목표를 적고, 행동 계획을 세워라. 현실에 안주하지 말고 가진 힘을 남김없이 쏟아 목표에 매진하라.

오늘의 세계는 내일의 세계와 같지 않다. 자기의 꿈을 키우면서도 주위의 변화에 대응할 줄 알아야 한다. 또한 인생에는 기회뿐만 아니라 고통과 눈물과 실패가 따라다닌다. 그러나 자기가 바라는 일생을 보내기 위해서는 이를 극복하고 모든 정열을 가지고 목표로 향하지 않으면 안 된다. 인생에 과감하게 맞서 어쩌면 실현하지 못할 목표를 결심했을 때는 당연히 위험이 예상된다. 실패하는 일도 있으며 부득이 후회할 때도 있을 것이다. 그러나 자기가 바랄 수 있는 최고의 인물이 되고 싶다면, 꿋꿋하게 걸어갈 수밖에 없다.

행복한 인생으로 이어지는 길은 자기만이 개척할 수 있다. 인생은 물 위에 뜬 뗏목과 같은 것, 끊임없이 노를 젓지 않으면 바위에 부딪친다.

자신에게 긍지를 갖는다

우리 누구나 자신의 존재는 귀중하고 특별하다. 인간의 역사가 시작된 이래 얼마나 많은 사람이 지구상에서 살아왔던가. 그러나 자기와 똑같은 인간은 한 사람도 존재하지 않았고 미래에도 존재하지 않을 것이다.

자기는 달리 비교할 수도 없는 존재이며, 자기만이 그 재능을 펴나갈 수 있다. 누군가의 도움이 필요할지 모른다. 그러나 자기에게 맡겨진 일을 실행으로 옮겨야 할 사람은 자기 자신이다. 이 세상에 내가 존재한다는 사실에 감사하고, 향상하려고 원하며 이를 실행하는 능력이 주어진 데 대해서도 감사하자. 자기는 이 세상에 하나밖에 없는 특별한 인간임을 결코 잊어서는 안 된다. 전력을 다해서 살자! 긍지를 갖고 살자!

self
remodeling
power

3장

기회를 포착하는 법

01 | 열정으로 기회를 창조하라

열정은 닫힌 문을 열어준다 | 앤드루 우드

성공을 기다려서는 안 된다. 성공 쪽에서 오히려 당신을 기다리고 있다. 기회가 문을 노크했을 때 문을 열어야 할 사람은 바로 당신이다.

성공의 여부는 그 사람 자신에 달렸다고 생각한다. 그런데 기회의 문제라고 생각하여 성공 쪽에서 찾아오기를 그냥 기다리는 사람이 너무나 많다. 이래서는 운이 좋다고 해도 성공할 수 없다.

인생에는 기회가 넘치고 있다. 자신이 마련하는 기회도 있고, 신이 베푸는 것도 있으나 어느 것이든 그것을 잡는 것은 자신이다.

인생에는 또한 구실도 많다. 나이가 많아서, 시간이 없어서, 알아야 무엇이든 하는데, 능력이 없어서 등 갖가지 구실을 붙여서 자신을 합리화한다.

그러나 정직하게 자신을 들여다보면 알 것이다. 자신은 나이가 많지도 않고, 시간도 있으며, 하겠다면 방법도 배울 수 있고, 설사 육체적인 장애가 있어도 대부분의 일을 할 수 있는 방법도 있다. 이러한 갖가지 구실을 일소하려면, 그것을 하고 싶다는 강한 욕구가 필요하다.

짓궂게도 인간은 나이가 들어 성인이 되면서 자기의 일이나 행동을 줄이기 위한 구실을 간단히 찾아낸다. 반면에 어리기 때문에 지식이나 기술도 없는 아이는 한번 마음을 사로잡는 대상에 부딪치면 확고한 자신감과 확신을 표시한다. 누구도 그것을 억제할 수 없다. 전신이 에너지의 덩어리가 되어 행동을 하지 않고는 배겨내지 못한다. 아이의 머리에는 두려움도 의심도 떠오르지 않는다. 그런데 나이가 들면서 젊은 마음을 상실하고 에너지가 저하된 채로 떠맡겨진 생활을 한다는 것은 얼마나 슬픈 일인가?

성공과 기회가 운 이외의 무엇에 좌우된다면 자기의 행동을 조정하지 않으면 안 된다. 하지 않으면 안 될 일이 있고, 지지 않을 수 없는 책임이 있다. 우선 목표를 정하고 계획을 세우자.

이상적이고 현실적인 목표 설정

목표가 있고 거기에 대한 동기를 갖는 것의 중요성에 대해서는 앞에서도 말했으나, 그 중 몇 가지 점을 확인해두자.

목표는 기본적으로 두 가지로 나뉜다. 개인적인 것과 직업적인 것이다. 두 가지 목표는 상관관계에 있다. 직업적 목표에 도달하지 못하면 개인적 목표에도 도달하지 못한다. 직업적 목표는 어떻게 생계를 꾸려나가느냐와 관계가 있고 개인 생활의 질에 영향을 주기 때문이다. 두 가지 목표가 충돌하는 일도 있다. 이럴 경우 어느 쪽을 중요시하느냐는 각자가 정해야 한다.

또 목표는 살아 있어야 한다. 5년 전에 세운 목표는 생활과 욕구에 변화가 생겨 지금은 이미 그 의의를 상실했는지도 모른다. 5년 전에는 독신으로 결혼을 염두에 두지도 않았는데 현재는 결혼하여 두 자녀까지 두었다면 목표는 변할 여지가 많다. 아니, 변하는 것이 당연하다.

회사가 급속히 성장하여 5년이 걸려야 달성할 수 있으리라고 생각했던 실적을 3년에 이룩했다고 하자. 그럴 때 회사의 목표는 어떻게 될까?

그렇다. 목표가 살아 있어야 한다는 것은 바로 이런 경우를 두고 한 말이다. 때에 따라서 수정을 해야 한다.

꿈을 가진다는 것은 목표를 분명하게 하기 위해서는 더없이 좋은 방법이다. 갑자기 직업을 던지고 주소도 바꾸어 무엇인가 새로운 일을 시작한 사람들을 나는 알고 있다. 그들은 자기에게 꿈을 키울 것을 허락했고 그러는 동안에 꿈을 실현할 자신을 가질 수 있게 된 것이다. 그러나 목표는 어디까지나 현실적이어야 한다. 140cm도 안 되는 신장으로는 아무리 열심히 복싱을 해봤자 헤비급 챔피언은 될 수 없다. 그와 반대로 신장이 2m나 되는 거구는 아무리 말을 좋아해도 경마의 기수는 될 수 없을 것이다. 목표를 정할 때에는 이유에 닿는 목표인지 아닌지 정확히 판단해야 한다.

그리고 목표는 도덕적으로 올바른 것이어야 한다. 그렇지 않으면 긍정적인 생각에 대응하지 못한다. 긍정적인 생각은 은행 강도나 사기꾼을 돕지 않는다. 또 한 가지 중요한 것은 목표를 세우는 데 너무 늦는 일은 없다는 것이다. 매일 1마일씩 스키로 산과 들을 달리는 것을 목표로 삼는 105세의 노인도 있지 않은가? 작은 빵가게에서 브라운 베리오븐이라는 제빵공장을 세운 73세의 캐서린 크라이크도 있다. 그는 지금도 새로운 모험을 계획하고 있다.

목표달성을 위한 행동계획 5단계

계획은 목표를 실현하기 위한 행동의 청사진이다. 행동계획을 세우려면 다음 5단계를 밟아야 한다.

1 구체적인 목표를 정하고 명확한 계획을 세운다.

농구코트 끝에는 마루에서 3미터 높이에 직경 45센티 정도의 둥근 테가 붙어 있다. 여기에 공이 들어가지 않으면 점수가 안 된다.

공이나 코트의 크기에 비한다면 이 45센티의 테는 작은 편이고 장소도 확실히 정해져 있다. 계획도 분명하게 한정되어야 한다.

목표가 박사가 되는 것이라면 별로 의미가 없다. 박사에도 여러 종류가 있기 때문이다. 의학박사, 언어학박사, 문학박사 등등. 그리고 박사의 칭호를 얻는 것만이 목표는 아닐 것이다. 그 내용을 더 한정할 필요가 있다. 가령 의학박사가 되고 싶다고 하면 그 중에서도 무슨 과인지 뚜렷하고 구체적으로 계획을 세워야 한다.

2 장기와 단기로 계획을 세운다.

장기 계획의 경우 이에 필요한 모든 것을 고려해야 한다.

가령 의학박사가 되기 위해서는 의과대학에 들어가 필요한 공부를 한 다음에 인턴으로 옮긴다. 소아과를 전문으로 연구하는 것은 그 다음이고 뼈 질환을 연구하는 것은 그 다음 단계이다. 어느 단계도 빠질 수 없다. 그 시기도 중대한 요소로, 단계적으로 어느 정도의 기간이 걸리는지도 생각해두어야 한다. 학자금 마련을 위해서 1년간 학업을 중단할 염려는 없는지, 수료할 때쯤에는 몇 살이 되어 있을지 등등.

목적이 무엇이든 이처럼 명확해야 하며, 개인적 목표와 직업적 목표를 확실히 식별하고 필요한 단계를 밟아야 한다.

큰 목표에 도달하기 위해서는 단기간의 계획을 세우는 것이 필요하다. 이것은 하루별, 주별, 또는 월별 계획이다. 의학부 학생이라면 일주간의 계획은 이렇게 될 것이다.

강의―매일 5시간

연구실에서의 실험―주 3시간

연습―매일 1시간

공부―매일 밤 4시간

수면―7시간

이러한 계획은 때에 따라서 변하겠지만 소아과 전문의가 되는 목표에 근접하기 위한 일과는 이와 같은 것이 아닐까?

또 사업계획에서는 어떤 신제품을 판매하면 좋을까? 그 시기는 언제인가? 몇 사람의 사원을 언제 신규 채용하는가? 그 직종은 무엇인가? 회사를 확장하는 것은 언제, 어떤 방법으로 할 것인가? 이런 모든 것을 고려해서 단기 계획을 세우면 좋다.

3) 작은 목표를 세우고 마음의 격려로 삼는다.

단기간의 계획은 작은 목표나 중간 목표에 도달하기에는

안성맞춤이다. 그래서 단기 계획의 각 단계에는 기한을 정할 필요가 있다. 주위의 상황에 따라서 변경하는 것은 당연하나 원칙적으로 기한은 지켜야 한다. 부득이한 경우에도 덮어놓고 바꿔서는 안 된다. 빈번한 변경으로 행동할 시기를 연장하면 목표 달성이 불가능할 수 있기 때문이다.

작은 목표를 기간 내에 실현하는 것은 심리적으로 매우 좋은 효과가 있다. 목표를 실현했기에 어떤 일에도 용기를 낼 수 있게 된다. 그러나 가장 좋은 방법은 자기가 한 일에 대해 긍지를 갖는 것이다. 작은 목표에 도달했을 때 옆에 있는 사람이 잘했다고 칭찬해주면 좋다. 그러면 다음의 작은 목표를 향한 용기와 정열이 솟구친다.

작은 목표의 실현이 더디면 계획의 수립이 좋지 않은 증거로 정열도 식기 쉽다. 불가능한 목표를 세우고 실행하지 못하면 낙심하게 된다. 따라서 충분히 생각을 하여 현실적인 목표를 세워야 한다.

4 상황에 따라서 목표를 수정한다.

계획은 유동적이다. 현실적이어야 하지만 거기에는 계획에 관련된 새로운 요소를 고려해야 한다. 변화가 극심한 세상에서는 새로운 사태가 발생할 수 있다.

경제적으로 큰 변화가 생기면 기한이 중요한 역할을 한다.

목표 달성의 시기를 앞당긴다든가 연기할 필요성이 생길지도 모른다. 재해나 가족에게 불행한 일이 생기면 목표나 작은 목표를 변경해야 할지도 모른다. 이처럼 목표와 그 기간에 작용하는 요소는 그밖에도 여러 가지가 있다.

상황의 변화를 인식한다는 자체가 곤란을 기피하고 안이한 길을 택하기 위한 구실이 될 수가 있다. 그래서는 안 되므로 자신을 엄하게 다스려야 한다. 문제에 도전하기를 최우선으로 삼고 항상 마음을 새롭게 하며, 정열을 가지고 적극적으로 목표에 임하라.

5 반성 시간을 만들어 마음을 새롭게 한다.

매일의 명상이나 기도가 정신에 좋은 영향을 주는 것처럼, 매일 반성을 위한 조용한 시간을 갖는 것도 매우 중요하다. 그것은 항상 목표를 제일차적으로 생각하고 실행을 위해서 전력을 집중할 수 있기 때문이다.

반성하는 동안 새로운 아이디어가 생기고 목표를 수정하거나 적응시킬 수도 있다. 또 정열을 유지할 수 있고 쓸데없는 노력을 생략할 수 있다. 반성하는 시간은 동기부여를 새롭게 갖는 시간이기도 하다.

계획에 잘못이 있을 때에도 반성으로 인해 낙담에 빠지지 않을 수 있다. 왜냐하면 반성해서 상황에 순응할 수 있다면,

상황을 자기에게 유리하게 이용할 수 있고 계획도 보다 치밀해지며 생산적인 행동을 확신할 수 있기 때문이다.

결국 계획이 없으면 좋은 결과는 생기지 않는다. 그러나 한 가지 생각에만 매어 있기보다는 무계획이 차라리 낫다.

일류 건축가도 시장에 나오는 새롭고 보다 좋은 소재를 받아들이기 위해 건축 중에 설계를 변경하는 경우가 허다하다.

02 시간을 철저히 활용하라

인생의 성공 비결은 기회가 올 줄 알고 미리 준비하는 것이다

| 벤저민 디즈레일리

　　　　시간은 가장 귀중한 상품이다. 무엇과도 바꿀 수 없는 것이므로 유효하게 써야만 한다. 아무도 자기에게 시간이 얼마나 남아 있는지를 알지 못한다. 그리고 헛되게 써버린 시간은 결코 되돌아오지 않는다.

'어제는 취소된 수표, 내일은 약속어음, 오늘만이 손에 쥔 현금'이라는 표현이 있다. 목표가 무엇이든 자기에게 남겨진 시간 내에 달성하지 않으면 안 된다. 따라서 시간을 어떻게 쪼개느냐가 최대의 관심사가 되어야 한다. 일하는 시간이든 노는 시간이든 시간으로부터 최선의 것을 끌어내려면 사전에 생각한 다음 행동해야 한다.

금전은 잃으면 되찾을 수 있으나 지나가버린 시간은 절대

되돌릴 수 없다.

휴식은 생산적인 시간이다

휴식을 시간 낭비라고 생각해서는 안 된다. 심신이 함께 편히 쉴 필요가 있다. 휴식을 취하기 전에는 피곤이 겹쳐 신경이 날카롭다.

그렇게 되면 일도 팽개쳐버리고 사람한테서 벗어나 도망치고 싶어진다. 이럴 때는 기분전환이 약이라고 할 수 있다. 편안한 휴식을 즐긴 다음에는 새롭게 충전된 마음으로 인해 다시 일할 수 있게 된다.

휴식은 시간 낭비가 아니라 레크리에이션, 즉 재생을 위한 시간이며 본래의 자기와 자연을 되찾는 시간이다.

작업상으로 보면 생산적이 못되더라도 심신의 건강을 회복한다는 뜻에서는 생산적인 시간이다. 작업에 쫓겨 균형을 잃지 않기 위해서 매일 다소의 시간을 휴식에 써야 한다.

시간의 낭비 요인을 찾는다

직접적으로나 간접적으로 하루의 반절은 노동시간이며 목표에 도달하려면 시간이 귀중하다. 그래서 무엇이 생산적인 시간을 무효로 하고 있는지, 어떻게 하면 시간을 보다 효과적으로 쓸 수 있는지를 생각할 필요가 있다.

시간을 유효적절하게 쓰고 싶다면, 며칠 또는 몇 주일에 걸쳐서 작업시간 15분마다 자기의 작업량을 기록해볼 것을 제안한다. 그 기록을 살펴보면 다음 사항에서 얼마나 시간을 헛되이 썼는지를 쉽게 알 수 있다. 시간이 낭비되는 원인을 들면 다음과 같다

1 약속에 늦는 사람

약속을 제대로 지키지 않는 사람이 예상외로 상당히 많다. 더구나 상습적으로 지키지 않는 사람도 있다. 그런 사람은 늦어진 것을 잘못이라고 여기지 않고 지각을 되풀이한다. 이것이 여러 차례 반복된다면 한 시간이나 두 시간은 쉽게 손실된다. 정직하게 자신을 돌아보자. 만일 지각 상습자라면 입장을 바꾸어, 자기가 기다리게 되면 어떤 기분일지 생각해보라. 기분이 좋을 리 없다.

다른 사람도 마찬가지다. 이것을 해결하는 것은 매우 간단하다. 출발해야 할 시간을 염두에 두고 15분 전에 출발하면 된다.

2 잡담과 커피 브레이크

만일 직장에서 일하는 동료와 잡담을 하거나 커피를 마신다면, 그것은 분명 시간 낭비다. 게다가 남의 시간까지 빼앗

고 있는 셈이다. 작업에 대해서는 좀 더 진지한 생각을 가져야 한다. 일에 싫증을 느꼈는지 좀 더 열중할 수 있는 일자리로 바꿔야 할지를 검토할 필요가 있다. 시간을 낭비하면 결국 손해 보는 것은 자기 자신이다.

3) 방해와 중단

상사가 부를 때는 가야 할 것이다. 이것은 부득이한 경우다. 그러나 필요 없는 전화를 하거나 그날의 뉴스나 소문을 가지고 시간을 축내는 일이 적지 않다. 그럴 때 단호하게 작업의 방해를 저지하면 오히려 존경심을 심어줄 수도 있다.

4) 우유부단

이것이 원인이 된 시간의 손실은 크다. 우유부단으로 인해 곧바로 행동을 취할 수 없다. 중요한 일이 겹치면 어느 것을 먼저 해야 할지도 모른다. 그러나 아무것도 손대지 않는 것보다 무엇인가를 하는 편이 훨씬 정리가 된다.

5) 걱정

걱정도 시간을 낭비하는 큰 원인 중의 하나다. 그러나 우리가 하는 걱정의 90퍼센트는 쓸데없는 걱정이다.

6) 지연

이것은 걱정이나 우유부단과 같은 부류다. 질질 끌면 문제를 해결하지 못할 뿐만 아니라 다른 문제에까지 발전할 수 있다. 설사 그 때문에 일이 많아지더라도 곧 행동으로 옮기는 것이 내일로 미루는 것보다 훨씬 좋은 결과를 가져온다.

7) 미팅이나 회의

생산적이지 못한 미팅이나 회의로 시간을 허비하는 경우도 많다. 질질 끈다고 좋은 아이디어가 나오는 것은 아니다. 그러나 조금만 신경을 쓰면 좀 더 간결하고 짜임새 있게 의미 있는 모임으로 진행할 수 있다.

우선 시작 시간과 마감 시간을 엄수한다. 회의사항은 각 항목별로 참석자에게 배당하고 책임을 지운다. 준비하기 위한 시간을 주고 담당자는 반드시 준비를 갖추어 회의에 임하게 한다. 회의 진행자는 회의사항에 따라 간결하게 진행한다. 참석자는 엄선해서 되도록 적게 잡는다. 회의시간도 일고의 여지가 있다. 월례회의를 하루의 집무가 시작되기 전 아침식사 시간으로 바꿔 성공한 사례가 있다. 바쁜 시간대라면 정신이 산만해서 회의가 원만히 진행되지 않는다.

시간의 낭비를 조금이라도 덜려면, 자기가 시간을 어떻게 사용했는지 기록하는 것이 좋다. 충분히 유효하게 사용을 했어도 정기적으로 기록해보면 시간을 더 절약하는 방법을 찾아낼 수 있을 것이다.

나의 친구 중에 최근에 재벌회사의 제일 바쁜 부서의 부장이 된 사람이 있다. 그는 산더미처럼 쌓인 편지에 답장을 해야 할 난처한 입장에 놓였다. 그것은 막대한 시간을 요하는 일이었다. 편지를 보냈는데 아직 답장이 안 온다는 불평 전화가 빗발쳤다. 그는 이 문제를 먼저 자기의 책상에서부터 검토해보기로 결심했다. 그것은 다음과 같은 계획이었다.

- 데스크에는 편지를 넣어두는 함을 두 곳에만 둔다. 즉 온 편지와 보낼 편지함이다. 지금까지 있었던 보류함에는 답장을 안 보낸 편지가 산적하게 되므로 두지 않기로 한다.
- 온 편지는 24시간 이내에 답장을 보낸다.
- 온 편지에 대해서는 대답할 만한 자료가 가까이 없을 경우에도 언제 답장을 보낼 수 있는지 24시간 내에 답장을 한다.
- 동시에 자료가 없어서 자기가 답장을 쓰지 못할 때는 편지와 관계서류를 합쳐서 담당자에게 돌린다. 모든 자료가 하나의 파일이 되어 돌아오면 그 시점에서 답장을 보

낸다.
- 당분간 그 자료가 구비되지 않으면 답장을 내는 책임자가 그 표시를 달력에 적어 놓거나 비서에게 전용 파일을 만들게 하여 거기에 표시를 해둔다.

그가 이 작전을 부하 직원에게 실행하게 하자 즉시 효과가 나타났다. 거래상대는 모두 이 융통성 있는 커뮤니케이션의 흐름에 만족하여 거래를 늘렸고 이 소식은 사장의 귀에도 들어갔다. 이 시스템 덕택에 그의 부서는 새로운 사업을 확장할 수도 있었다.

여기에서 중대한 점을 놓쳐서는 안 된다. 그것은 시간의 절약이다. 며칠이나 묵은 편지를 들추어내어 그곳에 회신을 보내기 위해 이전의 문제를 재차 조사할 일도 없어졌을 뿐만 아니라 받는 쪽도 초조하게 기다릴 일이 없어졌다.

낭비 없이 일을 다루는 비결

시간을 절약하기 위하여 내가 경험에서 얻은 일을 다음에 들어보겠다. 앞에서 말한 내용과 중복될지 모르나 어떻든 시간을 2, 3배로 쓸 수 있게 궁리하는 것이 중요하다.

시간 엄수란 언제, 어디에 간다는 약속을 지키는 것이다. 자기가 한 약속은 잊어서는 안 된다. 자기의 말을 믿게 하려면 자기가 자신의 말을 존중하지 않으면 안 된다. 불가항력으로 지각할 때에는 그 때문에 폐를 끼친 사람에게 한마디쯤 사과가 있어야 한다.

극히 짧은 몇 마디의 말로 자기를 신뢰할 만한 인간이라고 생각하게 할 수 있다. 시간을 지킴으로써 자기가 시간을 지배하게 되고 시간이 무엇보다도 귀중한 재산이며 어떻게 그것을 최대한 살릴 수 있는지도 인식하게 될 것이다.

03 성공철학의 근본은 사랑이다

사랑할 수 있다는 것은 모든 것을 할 수 있다는 것이다

| 체호프

성공이란 일종의 인생철학이며 이 철학의 근본은 사랑이라고 생각한다.

물질적인 것과 성공은 관계가 없다. 재산도 지위도 갖추었는데 행여 그것들을 잃을까 두려워하면서 살아가는 사람이 있다. 한편으로 물질적으로는 혜택을 입지 못하고 명성도 없으나 사람들이 부러워하는 행복한 생활을 하는 사람들이 있다. 나는 전자를 패배자라 부르고 후자를 성공한 사람으로 인정한다.

장애자의 직업훈련에 헌신하는 미국 유수의 리처드 차베즈 협회 회장의 경우를 보자. 리처드 차베즈는 성공에 대해서 다음과 같은 훌륭한 정의를 내리고 있다.

"성공에는 여러 가지가 있다. 돈, 권력, 명성 등을 성공으로 보는 사람도 많다. 그러나 성공은 손길을 내밀고 이웃을 도와줄 수 있는 것을 의미한다는 견해도 있다. 물질적인 것은 사고팔 수 있다. 그러나 희망과 용기와 성실을 사람들에게 줄 수 있다면 그 사람은 얼마나 힘을 얻을 수 있을까? 사람에게 주는 것은 무엇이든 자기에게 돌아온다. 시간이 걸릴지 모르나 반드시 돌아오고야 만다."

참다운 행복은 사람과의 관계에서 생긴다

행복과 사랑은 같은 것일까? 그래야만 한다. 그것은 흔히 생각하는 행복과 다른 행복이다. 내가 생각하는 행복은 사랑과 같다. 즉 사랑에 의해서 얻어지는 흡족한 마음 상태를 말한다.

사랑은 때때로 고통이나 험한 싸움을 동반하나, 사랑에는 어딘가 신성한 데가 있어 세속적인 생활과는 차원이 다른 점이 있다. 나는 참다운 행복에도 이와 같은 성질이 있다고 믿는다. 즉 험난한 싸움도 고뇌도 초월한 신성한 일면이 있다.

사랑과 행복에 이 신성한 느낌을 주는 공통의 요소는 무엇일까? 그것은 사람들이다. 대답은 사람들 속에 있다.

우리는 무인도에 살고 있는 것이 아니다. 많은 사람들과 관련되어 있지 않으면 살아갈 수 없는 사회에 살고 있다. 우리가 느끼고 있는 어떤 행복도 타인에 대한 태도나 행동과 무관할 수 없다.

성공도 사람들과 무관하지 않다. 우리가 매일 접촉하는 사람들, 우리의 행동으로 영향을 주고받는 사람들, 우리들의 사랑을 받아야 할 사람들이 그것을 채워줄 것이다. 불가능하다고 할 것까지는 없어도, 이러한 사람들의 호의가 없다면 성공하기 어렵다. 나는 혼자서 살아갈 수 있는 사람은 없다고 믿는다. 다른 사람들의 도움 없이는 성공하지 못한다. 그리고 다른 사람의 사랑을 받지 못한다면 성공에의 도움도 바랄 수 없다.

타인에게도 의미 있는 목표를 세운다

옳은 목표를 달성하기 위해 열심히 노력하면 성공은 거의 틀림없다. 어떤 목표라도 성취할 수 있는 것은 아니지만 노력만 하면 거의 실현할 수 있다.

앞에서 말했지만, 목표는 현실적이고 올바른 판단을 반영하지 않으면 안 된다. 물론 적지 않은 노력이 필요하다. 자신을 분석하여 약점을 알고, 자기 평가와 노력으로 그것을 극복하지 않으면 안 된다. 그리고 목표의 실현을 위해 적극적으로 행동해야 한다.

그 목표가 다른 사람들, 즉 매일 함께 생활하고 일하는 사람들과 아무 관계가 없다면 이기적이고 가치가 없다. 목표는 다른 사람에게도 의미 있는 것이라야 한다.

그러나 목표가 실제적이고 남의 일도 고려한 것이라면 설사 중도에 곤란한 문제가 있어도 성공을 향하고 있는 것이라고 나는 확신한다. 어떤 일도 저절로 생기지 않는다. 우리가 일을 만들어내는 것이다. 목적을 실현하는 경우에는 어김없이 좋은 일을 이루어 놓아야 한다. 이루어 놓은 일은 물질적인 부이거나 지혜거나 어떤 것이든 자기 자신을 위함과 동시에 다른 사람들의 이익을 위해서도 쓰이도록 해야 한다.

흔히 사람들의 입에 오르내리는 말이 있다.

"파는 물건이라면 살 수 있으나, 행복은 살 수 없다. 인생에서 가장 귀중한 것은 사랑과 업적이다. 다른 모든 것은 이차적인 것에 불과하다."

옳은 말이라고 생각한다. 이것이 성공이다.

사랑은 주고받는 것이다

성공은 가장 순수한 의미에서 진실한 사랑이다. 진실하게 사랑한다는 것을 알았을 때 이미 행복과 성공의 비결을 손에 쥐고 있는 것이다.

행동이 없다면 사랑은 공허한 말에 지나지 않는다. 사랑에는 언제나 오고가는 길이 있다. 자기가 사랑으로 봉사를 하지 않는다면 남에게 봉사를 받을 수 없다. 사람에게 호의와 공감을 가지고 대하지 않으면 사람에게서 그 같은 대접을 받지 못한다. 존경과 사랑으로 아이를 키우지 않으면 아이에게 존경과 사랑을 기대하기 어렵다. 사랑은 고무공처럼 튕겨서 돌아온다.

그런데 돌아오는 것이 멋스럽다. 자기가 준 것보다 훨씬 크고 힘찬 기운으로 돌아온다. 몇 배나 되는 힘으로 돌아와서 풍성한 열매로 갚는다.

그런데도 사랑을 자신 속에 가두어 놓고 자기만 만족해도 되는가? 잠재운 채 아무 쓸모없이 죽기만 기다려도 좋단 말인가? 개인적으로나 직업적으로 성공하고 행복해지는 유일한 길은 사랑을 나누는 일이다. 나눔으로써 성공과 행복은 돌아온다.

이것이 성공과 행복의 비결이다. 성공은 행복의 크기로 판단된다. 그리고 행복은 얼마만큼 사랑을 줄 수 있느냐로 결정된다.

04 커뮤니케이션의 능력을 키워라

네가 한 언행은 너에게로 돌아간다

| 증자

자기의 생각이나 희망을 사람들에게 전달하기 위해 노력하는 방법은 여러 가지가 있다. 그리고 사람이 여기에 대응하는 방법도 가지가지다. 전진하려는 동기를 가진 사람은 좋은 '전달의 원칙'을 이해하고 있어야 한다.

우리가 사람들에게 메시지를 전하는 방법이 바로 전달의 방법이다. 편지나 메시지 등의 문자에 의한 전달, 스피치와 같은 음성에 의한 전달, 무전기처럼 기호에 의한 전달 등 전달 방법은 다양하다. 얼굴의 표정도 고통, 불행, 행복, 의심, 두려움 등을 전할 수 있다. 사람을 만난 기쁨으로 손을 맞잡거나 두 사람이 산책하는 것은 애정의 표시다. 어머니가 병든 자식의 이마를 짚는 것은 애정과 근심의 표현이다.

말과 감정이 사람 사이에 전해지는 방법은 헤아릴 수 없이 많다. 거기에 사람이 응답하는 방법 또한 수없이 많다.

부모가 아이에게 집으로 들어가라고 말했다고 하자. 아이는 그 음성이 부드러우면 과자나 다른 좋은 일을 기대하며 곧 집으로 돌아올 것이다. 음성이 날카롭고 노한 투가 섞이면 같은 말인데도 자기가 나쁜 짓을 해서 꾸중을 듣게 될지 모른다고 생각하게 된다. 집으로 들어가라는 소리가 무관심에 가깝다면 꼭 집에 들어가지 않아도 무방하다는 것을 나타낼 것이고, 엄한 말투라면 밖에 있는 아이들에게 위험이 닥치고 있음을 표시하는지 모른다.

효과적인 커뮤니케이션을 위한 7가지 원칙

대부분의 문제는 커뮤니케이션의 실패가 그 원인이다. 다음은 원활하고 효과적인 커뮤니케이션을 위해 알아두어야 할 7가지 원칙이다.

1 진실을 말한다.

어떤 경우에도 속여서는 안 된다. 진실을 감추고 사실을 어긋나게 말하여, 결국 자신도 그 함정에 빠지는 일이 흔히 있다.

② 요점을 재빨리 직접 말한다.

군말이 많으면 듣는 사람에게 무엇인가 자기에게 나쁜 뜻이 숨겨져 있지 않나 하는 의심을 품게 한다. 먼저 말하고자 하는 요점을 단도직입적으로 말하라.

③ 듣는 이의 의견을 존중한다.

서로 다른 점을 정직하게 인정하는 것이 중요하다. 사람들과 다른 점이 없는 인생은 있을 수 없기 때문이다. 차이점이 있기에 사람은 논의를 하고 서로 이해할 수 있는 공통점을 찾아내려고 하는 것이다. 상대의 의견을 인식하지 않으면 상대에게 무례를 저지르게 된다.

④ 비난하지 않는다.

비난하여 생기는 것은 아무것도 없다. 비난은 상대의 반발을 살 뿐이다. 서로 대화하여 상대에게 논점을 이해시키는 일이 중요하다.

⑤ 자기의 자로 남을 재지 않는다.

같은 인물이 있을 수 없고 성장과정이나 감정이 똑같은 사람도 없다. 인간의 본성과 행동을 이해하려고 애쓰며 한 사람 한 사람을 각각 특별한 인간으로 다룬다.

6 잘 듣고, 잘 본다.

듣는 이의 반응에는 그 사람의 생각이나 마음이 잘 나타난다. 말소리는 물론 소리의 가락, 태도나 대답의 솔직함, 힘참 등에 주목한다. 그 같은 것들은 말보다 더 많은 것을 가르쳐 준다.

7 상대가 자신이 한 말을 이해했는지 어떤지 질문에서 확인한다.

뛰어난 리더십을 기르는 4가지 마음가짐

커뮤니케이션을 효과적으로 못하는 사람은 리더가 될 수 없다. 커뮤니케이션의 능력은 리더에게는 불가결의 요소다. 커뮤니케이션은 끊임없는 노력과 연습으로 숙달할 수 있다.

다음은 커뮤니케이션에 반드시 필요한 것은 아니지만 훌륭한 리더가 되기 위해 필요한 자질들이다. 그러나 이것들은 커뮤니케이션의 향상에 큰 도움이 될 것이다.

1 가능하면 사람을 칭찬한다.

사람에게 무엇인가를 시키려면 두 가지 방법이 있다. 하나는 칭찬이며, 다른 하나는 처벌이다. 벌은 성실한 면이 없어 리더에게 곧 반발이 돌아온다. 그 분위기는 부정적인 것이 된다. 이 분위기를 바꾸지 않으면 생산적인 일을 할 수 없으며, 리더도 필요한 지지나 충성심을 얻지 못할 뿐 아니라 커뮤니케이션을 시도할 수도 없다.

벌하기보다는 칭찬하는 편이 사람에게 동기를 갖게 하는 데 훨씬 강력한 힘을 발휘한다. 칭찬함으로써 리더와의 사이에 유대감이 생기고 교류는 긴밀해진다. 좋은 커뮤니케이션이란 칭찬의 일종이라고 생각해도 무방할 것이다. 반대의견에 나서서 귀를 기울인다는 것은, 상대의 입장에서는 인정을 받은 셈이 된다. 리더는 진심으로 최대한의 칭찬과 위로로써 상대에게 보답을 해야 한다.

2. 권한을 위임한다.

권한을 다른 사람에게 맡기지 않는 리더를 바라지 않는다. 위임할 수 있느냐 없느냐가 가장 중요한 점이며, 위임 받는 편에서도 마찬가지다. 그것은 '당신을 신뢰한다'는 말과 같다. 그렇다면 위임은 효과적인 커뮤니케이션과 어떻게 관련되는가?

이 대답은 다음의 질문 형식으로 생각해보면 된다. 자기가 권한을 갖고 있는 데 대하여 자기가 중심이 되어 말할 수 없다면 누가 자기를 권한이 있다고 인정할 것인가?

훌륭한 리더란 수행하고자 하는 일의 방침을 말하기는 하나 세부적인 커뮤니케이션은 다른 사람에게 맡길 수 있는 인물이다.

③ 자기를 잊는다.

리더의 최대 관심사는 자기가 이끌어가는 사람들의 일이다. 자기의 일은 잊어버리고 다른 사람들이 가장 중요하다고 생각해야만 다른 사람의 사정을 알 수 있다.

④ 인간의 행동을 연구한다.

인간 행동의 원인을 파악하고 거기에 대응할 방법을 알아야 한다. 이것이 사람과 교류하는 비결이다. 인간의 행동을 통해 얻을 것이 많고, 인간의 본성을 앎으로써 어떻게 접촉하는 것이 효과적인지를 살필 수 있다.

05 | 독립적인 인간이 되어라

당신이 자신에 대해서 생각하는 것은
다른 사람들이 당신에 대해서 생각하는 것보다 훨씬 중요하다 | 세네카

     동기를 가진 사람들은 다른 사람의 지지가 없으면 성공할 수 없다는 것을 알고 있으며, 자신의 인생에 대해서도 책임을 진다. 당당하게 자기 자신을 위해 생각하고 행동한다. 단지 혼자 서 있을 수 없을 때만 받침이나 지팡이를 사용한다. 전신주에 받침줄을 매거나 나무에 지주를 세우고 벼랑이 무너지지 않도록 바위를 괴는 것과 같다.

이런 일이 나쁘다고는 할 수 없다. 그러나 받침이 없을 때는 어떻게 되는가를 언제나 염두에 두어야 한다. 지팡이가 없으면 부자유스런 발로 걸을 수 없다. 혼자서는 걸을 수 없기 때문이다. 나무를 지탱하던 지주를 없애면 가지는 부러질 것이다. 또 받치고 있던 바위를 치우면 벼랑의 어느 일부는 무

너져 내릴 것이다. 인간세계의 문제도 이와 다를 바 없다.

혼자 걷는 힘을 기른다

사람은 태어나면 거의 모든 일에서 다른 사람들에게 의지한다. 만일 누가 돌보지 않는다면 생명을 유지할 수 없다. 학교에 다니게 되면 교사가 지도하며 안전한 길을 가르쳐준다. 이러한 뒷받침은 성장함에 따라서 없어져 가는 것으로 성인이 되어도 독립을 못하면 갓난아기와 마찬가지로 무력한 존재가 된다. 따라서 우리는 받침을 없애고 혼자 살아갈 수 있도록 자신을 이끌어갈 책임이 있다. 이것이 성숙의 과정이다.

성공하느냐 못하느냐도 자기 책임이다. 성공하기 위해서는 제몫을 해야 하고 자신을 위해서 행동해야 한다. 언제나 누군가에 의지하고 지시를 위해서 결단을 내려주기를 기다려서는 안 된다.

책임을 질 수 있는 인물은 하룻밤 사이에 될 수 없다. 긴 성장의 과정을 거쳐야 한다. 성장 과정에서 서서히 받침을 멀리하면서 자기 발로 서서 자기가 결단을 내리고 그 결과에서 배울 수 있어야 한다.

철저한 자기 단련의 시간을 갖는다

자기의 목표를 향해서 끊임없이 노력을 계속하는 일이 성숙으로 이어진다. 목적의식이 철저한 작가 아디 모텔은 다음과 같이 말했다.

"영속성을 지킬 수 있는 사람은 드물다. 그런데 일생을 통해서 노력을 계속하지 않으면 일시적인 성공밖에 거두지 못한다. 건강 상태도 보전할 수 없고, 다른 사람과 부분적으로만 접촉할 수밖에 없으며 자신의 정신적 가능성을 충분히 발휘하는 일도 없다. 그러면 어디서부터 시작해야 하는가? 먼저 살아가는 동안 중요한 시기를 택하여 훈련기간으로 정하고 자신에게 다음과 같이 말하라. '매일 이만큼의 일을 나는 할 수 있다. 끝낼 수 있다는 것을 증명해보이겠다.' 어떤 기간에 해치울 수 있다면 다른 곤란한 시기에 부딪쳐도 마찬가지로 자신을 단련해갈 수 있다."

동기가 인생의 전기를 마련한다

인생의 전기가 찾아오기를 기다리는 것은 헛된 일이다. 전기는 사전에 준비된 대본에 적혀 있는 것이 아니다. 자기의 힘으로 발을 딛고, 용기를 갖고 독립된 인간이 된다는 결의를 굳히자. 적극적 자세와 자기 단련, 독립에의 집념을 통해서 끊임없이 동기를 가진다면 반드시 그렇게 된다.

로즈 쿡 스몰은 독립과 용기 있는 행동의 가치를 잘 알고 있었다. 그녀는 1912년에 태어나 뉴저지의 가난한 환경에서 자랐다. 어릴 적부터 여섯 형제를 돌봐야 했기 때문에 학교에도 못가고 야채행상을 하지 않을 수 없었다. 로즈는 푸줏간을 하는 하리 쿡과 결혼하여 남편과 시장에서 일하는 동안에 고기의 일정량을 주머니에 담아서 파는 회사를 만들겠다는 꿈을 키웠다. 두 아이를 키우며 손이 터서 피가 맺히도록 시장에서 일하는 동안에도 그 꿈은 사라지지 않았다.

두 사람의 일은 차츰 커지기 시작하여 2년 후에는 포장시설이 구비된 가게를 열기에 이르렀다. 그러나 1937년 이 푸줏간에 화재가 났다. 남김없이 다 타버린 후 버스비도 없어 로즈는 50리 길을 걸어 다니면서 뒤처리를 했다. 로즈는 결혼반지를 저당 잡히고 은행에서 새로운 가게를 마련하기 위한 자금을 융자받았다. 그 자금으로 1940년 블루버드라는 회사를 차렸다. 블루버드라는 이름은 사랑과 혜택, 그리고 행복의 상징으로서 두 사람이 택한 이름이다.

1950년 하리 쿡이 죽자 로즈는 모든 일을 도맡아 해야 했다. 그러는 사이에 그녀는 장사의 비결을 터득했고 사업은 점차 확장되었다. 아이들도 자라 한 아이는 의사의 길을 택했고 다른 아들은 그녀를 돕게 되었다. 그 후 힘든 시기를 거친 다음에 이 독립심이 강한 여성은 블루버드를 거대한 석유기업으로 키워 놓았다.

실패를 경험삼아 결단력을 기른다

성숙에 이르는 과정의 대부분은 올바른 결단과 관계가 있다. 이 결단이 목표에 영향을 주고 동시에 다른 사람들과의 좋은 관계에도 영향을 준다. 처음에는 체조선수가 연습을 하는 것처럼 실험과 실패를 거듭하면서 작은 결단을 내리는 일부터 시작한다. 이 작은 결단이 중요하다. 판단력을 길러주기 때문이다.

실험과 실패에서 아무것도 배우지 못한다면 진보는 없고 보다 큰 결단을 내리지도 못할 것이다. 그러나 해보고 실패했을 때 그것을 분석할 필요가 있다. 결단을 했을 때의 여러 가지 데이터를 뽑아 지혜롭게 대처해야 한다. 이때 얻은 지식을 보다 큰 결단에 활용하고 그것을 다시 분석하여 보다 중대한 결단을 내리기 위한 근거로 삼는다.

이렇게 하면 올바른 결단을 내리기 위한 지식이 필요할 때 지금까지의 경험이 도움이 된다. 보다 간단하게 더욱 확실하게 올바른 결단을 내릴 수 있게 된다.

자기의 결단이 어떤 결과로 나타나는지를 인식하는 것은 매우 중요하다. 그렇게 함으로써 우리는 독립된 인간이 되는 힘을 얻을 수 있고, 훌륭한 결단을 내릴 수 있기 때문이다.

자기의 결단은 자신뿐만 아니라 남에게도 좋은 결과를 가져왔을까? 이 기준에 적용되지 않았다면 그 결단은 잘못된 것이다. 어디가 잘못되었는지 알아내야만 한다. 그것을 알아내야 같은 실패를 피할 수 있다. 기준에 합당한 바른 결단을 내렸을 때에는 그 결단에 이르게 된 과정을 잘 기억해두는 것이 좋다. 분명히 나중에 큰 힘이 될 것이다.

훌륭한 결단을 내렸을 때에는 그렇게 한 이유를 마음속에 새겨둔다. 그것을 장래의 지침으로 삼을 수 있을 때에 비로소 지혜가 된다.

처음부터 좋은 결단을 내릴 수 있는 사람은 없다. 스케이트를 잘 타기 위해서는 연습이 필요하듯 이 경우에도 부단한 연습이 필요하다. 연습은 진보의 기본이 된다. 어떻게 해야 넘어지지 않을까? 스핀은 어떻게 하는 것인가? 스케이트에서 넘어지지 않으려면 넘어지는 연습도 필요하다. 실패한 경험이 보다 나은 결단을 하는 데 도움이 된다.

독립은 올바르게 행동할 수 있는 힘이다

우리는 흔히 독립이나 자립에 대해서 말하는데, 독립한 사람일수록 다른 사람들이나 일하고 있는 회사와 얼마나 관련되어 있는지를 인정한다. 즉 독립은 고립이 아니다. 독립은 바르게 행동할 수 있는 힘을 길러가는 일이다.

독립은 다른 사람의 의견에 의존하지 않고 자기를 평가할 수 있는 일이기도 하다. 행동하기에 앞서 남의 승인을 구한다면 독립이라고 할 수 없다. 자기를 평가하는 자기 나름의 기준을 가져야 한다. 무엇인가를 결정할 때에 남에게 의지해서는 안 된다. 타인에게 관대하여 사람들의 의견을 토대로 좋은 충고를 받아들인다는 것은 인기투표에 따르거나 유행을 본받거나 또는 동료의 의견에 무조건 동조하는 것과는 전혀 다르다. 거듭 말하지만 사람들의 의견이나 충고를 물리치라는 뜻은 아니다. 유익한 정보나 암시를 주는 책을 읽지 말라는 것도 유익한 말을 들을 수 있는 모임에 가지 말라는 것도 아니다.

가능한 광범위하게 지식이나 지혜를 흡수하여 행동할 단계가 되면 스스로 결단을 내리고 그 결과를 받아들인다. 이것이 독립이다. 독립은 책임을 진다는 의미이기도 하다. 자기가 결정한 일로 칭찬을 받는 것도 그리고 추궁당하는 것도 바로 자기 자신이다.

마지막으로 독립에는 변화를 받아들여서 적응하는 능력이 필요하다. 세상일은 시시각각으로 변하고 있다. 어제 좋았던 일이 오늘도 좋다고 할 수 없다. 결단을 내릴 때 남을 의지해서는 안 되는 것과 마찬가지로 과거에 의지해도 안 된다. 언제나 앞을 바라보고 보다 나은 판단을 내리자.

06 영감과 아이디어를 길러라

군대의 침입에는 저항할 수 있어도 아이디어의 침입은 막지 못한다

| 빅토르 위고

파이어스톤 사를 설립한 하비 파이어스톤은 이렇게 말했다.

"사업을 하는데 있어 자본은 그리 중요하지 않다. 경험도 그렇다. 어느 쪽도 필요하다면 손에 넣을 수 있다. 중요한 것은 아이디어다. 아이디어가 있으면 그것은 가장 가치 있는 재산이 되어 사업에도 인생에도 얼마나 많은 것을 가져올지 예측조차 할 수 없다. 아이디어야말로 만인의 최고의 재산이다."

옳은 말이다. 사업을 지탱하는 자본이 필요하면 그 회사가 활발하게 움직이고 책임에 충실하다는 것을 알려 융자를 받을 수도 있다. 경험이 없는 경우에는 경영 컨설턴트가 생산,

시장, 경제에 관해서 필요한 것은 무엇이든지 가르쳐준다. 그러나 사업이나 제품, 판매할 상품에 대한 아이디어가 필요할 때는 자기 자신이 아이디어를 낳아야 한다.

조지 바라스에게 기발한 아이디어가 떠오른 것은 세차하던 도중이었다. 차 안에서 브러시가 차를 에워싸면서 씻는 것을 보는 동안에 그는 멍청하게 집안의 문제를 생각하고 있었다. 엎어진 자세로 잔디를 깎는 그 귀찮은 일을 빨리 끝내야겠다고.

그때 어떤 아이디어가 번쩍 떠올랐다.

"나는 나무나 돌 근처의 풀을 깎는 방법은 없을까 하고 생각해왔는데, 문득 어떤 아이디어가 떠올랐다. 세차 시에 브러시는 고속으로 회전할 때 곧바로 뻗는다. 탄력이 대단해서 어떤 구석이나 파인 데도 가 닿는 것을 나는 알고 있었다."

집에 돌아오자마자 바라스는 팝콘 깡통에 구멍을 뚫고 거기에 끈을 넣었다. 그리고 에저(잔디나 화단가를 깨끗이 다듬는 회전 날이 달린 원예용 기계)의 날을 빼고 이 깡통을 달았다. 그러나 이 발명품이 잔디를 상하게 하고 요란한 소리를 냈다.

"그러나 내가 기대한 대로 작동해주었다."

바라스는 처음에 이 제초기를 자기가 쓸 생각이었다. 정원사를 고용할 여유도 없었고 이런 일을 맡아줄 사람이 없었기 때문이다.

"우리 집은 후미진 바닷가에 있었다. 독사가 노리고 있는지도 모르는데 누가 엎드린 자세로 바위 둘레의 풀을 깎으려 하겠는가?"

이것을 팔아야겠다고 결심했을 때 반응은 매우 나빴다. 가까운 소매업자는 심히 못마땅해했다.

"나일론 끈으로 풀을 깎겠다고? 머리가 돈 게 아냐?"

그러나 1971년에 바라스는 최초의 30파운드 제초기에 돈을 투자했다. 아들이 찍은 선전용 필름을 1만 2천 달러를 지불하고 지방 텔레비전의 광고 시간대에 돌린 것이다. 갑자기 전화가 빗발쳤다.

"온 거리가 약속이나 한 것 같았다. 어디랄 것도 없이 일제히 전화가 쇄도했다."

처음에는 개선할 점도 많았으나 그의 제초기 회사는 불과 수년 만에 몇백만 달러나 되는 국제적 기업으로 성장했다. 이 모든 결과는 세차 중에 떠오른 아이디어에서 비롯되었다.

즐길 수 있는 일을 택한다

생계를 유지하기 위해서 자기의 시간을 태반이나 써야 하기 때문에 일자리는 신중히 선택해야 한다. 그러나 사람들은 이 점에 대해 너무나 무관심하다. 일이 인생의 대부분을 차지한다는 것을 생각한다면 일자리의 선택은 중대한 문제가 아닐 수 없다.

믿고 즐길 수 있는 일을 한다는 것이 얼마나 중요한가? 따분하다든가 불행하게 되는 일로 성공하기는 불가능하다. 일이 잘 안 될 뿐만 아니라 성격조차 빗나가게 된다. 그리고 그것은 함께 일하는 사람들에게도 나쁜 영향을 끼치지 않을 수 없다.

자신이 불행하게 될 일을 택한 것은 거기에 동기를 가지지 못했기 때문이다. 그런 것에는 아무런 보상도 없다.

보통 어떤 상황에도 순응할 수 있다는 생각을 가지고 세일즈맨이 되기를 원하는 사람이 많다. 그런데 일주일에 3, 4일 이상은 가정을 떠나 지방을 여행하면서 돌아다녀야 한다는 것을 알게 되자 일할 의욕을 잃게 된다. 이런 경우 다른 일자리를 빨리 찾는 것이 좋다. 싫증이 난 일이므로 아이디어가 메마른다. 독창성과도 인연이 멀다. 그 대신에 부정적인 생각이 강력하게 고개를 들기 시작한다.

동기를 갖지 못한 일거리는 실망과 욕구불만의 근원이다. 그런 상황에서 우울하게 일을 해야 한다면 지금 당장 그 부정적 원인을 인식하여, 일을 중단하고 즐겁게 할 수 있는 일을 찾아야 할 것이다. 도전과 해결해야 할 문제를 찾아 자기의 아이디어나 문제해결의 능력을 살릴 수 있는 일을 찾자.

패치워크(조각보 만들기)의 취미를 사업으로 발전시킨 지인

스팀슨은 즐길 수 있는 일거리를 찾아낸 사람이다. 이삼 년 전까지 그녀는 아이를 기르는 한편 틈을 내서 퀼팅을 시작하여 지갑, 안경 케이스 같은 것을 디자인해서 만들고 있었다. 그러던 중에 수예점이나 패치워크 강습회 등에서 작품이 팔리게 되었다. 지인은 중서부 지역의 수예품 전시회에 출품하여 '패치워크 레이디'로서 유명하게 되어 이것이 그녀의 제품 상표가 되었다.

패치워크 레이디의 제품은 미국 각지의 유명 백화점에서 팔리고 있다. 그리고 모두 수제품인 것이 특징이다. 지인이 디자인을 맡는 한편 수십 명의 여성이 가정에서 수제품업에 종사하고 있다.

기업의 숨은 재산은 사람이다

여기서 문제를 삼는 것은 사업을 성공시키기 위해서 불가결한, 눈에 보이지 않는 재산이다. 이것들은 회사의 결산보고서에는 나타나 있지 않으나 금전적 재산을 훨씬 능가한다.

예를 들면 정열이다. 정열로 가득 찬 회사가 있는데 그 정열은 거기서 작업하는 각 개인에게서 온다. 이런 회사는 사원에게 보수로 대응하고, 사원은 자기의 흥미를 확대시켜 전진하는 기회를 찾는다.

가장 중요한 재산은 사람이다. 사원의 질이 향상될수록 회사도 향상한다. 사원이 목표를 정하고 전진하려는 결의, 협조, 적극적 자세, 성실성, 지시를 기다리지 않고 자발적으로 행동하는 태도 등이 현저할수록 그 회사는 발전할 수밖에 없다.

밀워키 마커스 코퍼레이션의 사장인 벤 마커스는 시골거리의 단 하나의 영화관에서 재산을 모아 지금은 83개소의 영화관에다 호텔, 모텔, 레스토랑 등을 소유하고 있다. 마커스는 사업에 대해서 이렇게 말한다.

"가장 중요한 것은 사람이다. 사업을 좌우하는 것도 사람이다. 이것은 책임자만이 아니라 말단에서 일하는 사람에게도 해당된다. 좋은 일을 하게 하려면 적재적소를 생각하지 않으면 안 된다. 우리에게는 극장의 안내인이나 로비의 청소원, 호텔 방을 정리하는 여성도 지배인과 다를 바 없이 중요하다. 이런 사람들이 제대로 일하지 않으면 우리 사업의 이미지가 손상되기 때문이다. 우리가 배워야 할 것은 권한을 위임하는 일이다. 원맨쇼를 할 수는 없는 일이 아닌가. 인재를, 그것도 그 사업을 기꺼이 해줄 인재를 키우지 않으면 안 된다."

어떤 회사가 제공하는 제품이나 서비스는 과거에 시간을 들여서 생각해온 것들이다. 가령 타이프라이터만 하더라도 어느 날 갑자기 어떤 회사가 발명해낸 것이 아니다. 한 사람이 타이프라이터의 원리를 생각해낸다. 그러면 다른 사람이 그것을 완성한다. 그로부터 긴 세월을 두고 여러 사람들이 개량에 개량을 거듭해야 한다.

클리닝이라는 서비스업도 저절로 지금의 형태를 이룬 것이 아니다. 처음에 아이디어가 있고 구체화되고 여기에 보다 많은 개선이 가해진 것이다. 두 예는 어느 것이나—하나는 제품이고 또 하나는 서비스인데—사람들의 지혜를 집대성한 것이다. 이렇게 모인 지혜의 덕택으로 손님들이 좋아하는 제품이나 서비스가 태어난다. 그리고 동시에 회사에도 기회와 이익이 생긴다.

사람에게 거의 모든 것을 가르칠 수 있으나 생각하는 것만은 가르칠 수 없다. 그것은 자기가 생각하지 않으면 안 된다. 그러므로 자기를 위해서뿐만 아니라 회사를 위해서 생각할 수 있는 사람이 가장 가치 있는 재산이라고 할 수 있다.

직업인으로서 프로의식을 갖는다

기회는 자기가 만드는 것이다. 그렇다면 어떻게 해야 할 것인가. 스스로 남이 탐내는 존재가 되어야 한다. 회사는 자기가 일하는 회사를 믿고 제품이나 서비스를 믿으며 동료들과 좋은 관계를 갖는 인물을 원한다. 정해진 시간만 그 자리에 붙어 있으면 된다고 생각하는 인물이 아니라 몇 시간 걸리더라도 일을 완수하는 데 필요한 시간만큼 일하는 인물을 원한다. 작업에 대해서 가능한 많은 것을 배워서 프로가 되는 것을 원한다. 그래서 전문지를 읽거나 세미나 혹은 연구회에 참석하여 작업 이외의 공부도 원할지 모른다. 즉 직업인으로서 항상 최고의 상태로 자신을 유지하도록 바라고 있는 것이다.

또 회사는 어느 정도 독립된 인물을 원한다. 언제나 지시와 조언 없이는 아무것도 못하는 인물이 아니라 독립적인 행동을 할 수 있는 인물을 원한다. 이런 인물은 자신에 넘치고 헌신적이다.

그 중에서도 가장 크게 기대하는 것은 생각한 것을 행동으로 옮기고 신뢰할 만한 노력가일 것이다. 최근에는 일정한 시간만 일하고 보수를 받는 데만 흥미를 가진 사람들이 대단히 많아졌다. 이런 타입의 사람들은 회사에 부담이 되며 사내에 마찰이나 말썽을 일으킨다.

순이익이 오르지 않으면 회사는 지탱하기 어렵다는 사실을 사원이 인식하지 않으면 언제까지나 생산성의 향상은 바랄 수 없다. 따라서 사원은 정직하고 성실하게 작업에 임해야 한다.

부채가 재산을 웃돌면 회사는 부득이 도산하거나 남의 손으로 넘어가게 된다. 그러나 눈에 보이는 부채가 눈에 안 보이는 재산인 인재보다 적어도 회사는 쉽사리 난관에 빠질 수 있다. 그렇기 때문에 유능한 경영자는 항상 재산을 강화하는 방법을 찾아다니며 재산이 될 만한 자격을 가진 인재를 구하게 된다. 그런 자격이 있는 사람은 스스로 그런 기회를 마련한 것이라고 할 수 있다. 간단히 말하면 자신감과 동기와 목적을 가지고 목표에 도달하기 위한 행동과 노력을 아끼지 않는다면 일하고자 하는 곳에서 성공할 수 있다.

자기가 고용하고 싶은 인물이 된다

직장에 다니는 많은 사람들은 자기의 힘으로 사업을 시작하고 싶어한다. 그들의 소원대로 매년 많은 중소기업이 성공과 이익을 바라는 사람들에 의해서 생겨나고 있다.

여러분도 그 중의 한 사람이라고 가정하자. 어떤 인물을 일할 사람으로 구할까, 자기의 재산을 누구에게 맡길까? 9시부터 5시까지 일하면 된다고 생각하는 사람? 불성실해 보이는 사람? 일에 정열을 쏟지 못하는 사람? 지시하지 않으면 아무것도 않는 사람? 목표조차 없는 소극적인 사람? 문제가 생겼을 때 거기에 대응하지 못하는 사람? 자신감도 긍지도 없는 사람? 생산적인 것을 무시하는 사람?

물론 이러한 지원자에게는 매력이 없을 것이다. 필요한 자격은 무엇 하나 가진 것이 없는 탓이다. 앞으로 밀고나가는 사람, 더 좋은 방법이 없을까 생각하는 사람, 안심할 수 있는 정직하고 충실한 사람, 자기 스스로 나서서 행동하는 사람을 찾기 위해서 시간을 아끼지 않을 것이다.

여러분이 면접을 받을 때 상대는 이와 같은 인물을 원하고 있다. 자기의 특성을 엄밀하게 살펴보자. 사람들이 원하는 자격을 구비하고 있는가? 사업을 시작하게 되면 자기와 같은 인물을 택할까? 만일 그렇지 않다면 계획을 바꾸어라. 아직 늦지 않았다. 목표를 고쳐서 먼저 이러한 점을 터득해야 할 것이다.

self
remodeling
power

4장

성공을 위한 몸과 마음 가꾸기

01 정신과 육체를 가꾸어라

> 건강을 지닌 사람은 희망을 갖고 있지만
> 희망을 가진 사람은 모든 것을 가지고 있다 | 아라비아 속담

로켓을 발사하기 위해서 점화제가 필요하듯이 사람도 목적을 달성하기 위해서 에너지가 필요하다. 그러나 사람의 에너지는 심신 상태로 잴 수밖에 없다.

최초로 1마일 달리기에서 4분의 벽을 깬 사람은 로자 파니스타라는 의사였다. 그는 건강하다는 것을 다음과 같이 말했다.

"정신과 육체가 조화를 이룬 상태이다. 이럴 때는 어떤 일에도 최고의 능률을 발휘할 수 있어 무엇보다 행복하다."

건강은 육체와 정신에 관련되는 상태다. 건강하다는 것은 만족할 만한 상태다. 건강치 못하다는 것은 일시적 또는 건강할 때 가능한 일을 못하는 상태로 볼 수 있다. 말할 필요도 없

이 건전한 정신은 건강한 신체에서 나온다. 몸이 건강하면 기력도 충족되어 낙관적이며 조화를 이룬 행복한 마음을 가질 수 있게 된다.

성공한 사람에게는 공통점이 있다. 그것은 정력적이라는 점이다. 연령과는 관계가 없다. 그들은 스스로 심신을 돌보고 정력을 기른다. 나는 슬프게도 목적을 달성하는 마지막 고비에서 병으로 쓰러진 사람들을 많이 보았다. 물론 육체적인 장애를 가진 사람이 성공을 못한다는 말이 아니다. 오히려 스타인메츠(1865~1923. 미국의 전기공학자로 교류계산법을 확립함), 베토벤, 헬런 켈러 같은 사람이 역사에 길이 남아 있다. 그들은 자기의 불행을 딛고 장애를 극복하여 마침내 성공했다.

건강관리는 각 개인이 스스로 해야 한다. 매일매일을 건강하고 정열적으로 보내려면 스스로 동기에 불을 질러야 한다. 과식, 과음, 운동 부족, 흡연 등의 구실을 대기는 쉽다. 그러나 건강을 해치는 이러한 습관을 단절하기란 그리 쉬운 일이 아니다.

건강 증진을 위해서는 각자가 자기 힘으로 행복해져야 하며, 건강은 단순히 신체만이 아니라 두뇌와 마음에도 영향을 미친다는 사실을 자각해야 한다. 그리고 건강은 개인마다 차이가 있다. 따라서 몸과 두뇌와 마음의 상태를 최고로 유지하기 위한 가장 좋은 방법은 개개인이 찾아내지 않으면 안 된다.

영양과 다이어트는 신체적 반응을 보면서 조절한다

영양을 취하고 노폐물을 배설하는 것은 육체적으로 중요한 문제다. 영양학에서는 아직 해명되지 않는 분야도 있다고는 하나 연구가들의 결론이 일치하는 점도 많다. 예를 들어 담배는 건강에 해롭다.

각성제나 과음도 건강에 해롭다. 설탕이나 소금의 과다 섭취도 해가 된다. 신체운동의 역학을 연구하는 사람들은 소량이라도 당분을 들면 그 즉시 근육의 힘이 약해진다는 것을 증명하고 있다. 몸의 컨디션을 바람직한 상태로 유지하기 위해서는 비타민, 단백질, 아미노산, 탄수화물, 섬유질이 필요하다는 것도 증명되었다. 비만형은 특히 심장이 좋지 않으며, 육류의 지방 같은 것이 동맥경화의 원인이라는 것도 통설이 되었다.

의사나 연구가들이 도달한 이러한 결론을 무시하는 것은 어리석다. 그러나 오트밀이 몸에 좋은지 어떤지, 감기 예방이 되는지 안 되는지는 전문가들 사이에서도 의견이 일치하지 않는 문제이므로 자기 몸의 반응을 보면서 자기의 경험으로부터 결론을 내야 할 것이다.

살이 찐 사람은 일반적으로 과식 아니면 칼로리 과다섭취가 원인이다. 이런 사람은 주로 순환기 계통의 이상을 일으키기 쉽다. 체중을 감소하는 일은 벅찬 일이고 감량한 체중을 유지하는 것은 더 벅찬 일이다. 그러나 감량도 하고 체중을 유지하는 데도 성공한 사람은 많다. 결코 불가능한 일이 아니다.

마이애미의 야콥스 대학 학장인 오스틴 해리스는 약 45킬로그램 이상의 감량에 성공했다. 그는 자신에게 분명한 목적의식을 갖게 하기 위하여 냉장고의 문과 심지어는 음식물이 놓인 곳마다 자신의 사진을 붙여 두었다. 또한 줄인 체중을 지키기 위해 감량 후에도 뚱뚱한 자기의 사진을 그대로 붙여 두었다. 오스틴이 체중을 줄이기 위해서 한 일은 칼로리를 줄이는 일, 즉 음식을 덜 먹는 일이었다.

의학상으로 특별한 문제가 없다면 먹는 양을 줄임으로써 몸무게는 가벼워진다. 그러나 의사의 지시 없이 함부로 식이요법을 하는 것은 좋지 않다. 운동도 감량의 스피드를 재촉하나 운동만으로는 무리일 때가 많다. 나도 17.1킬로그램을 감량한 적이 있다. 처음 시작할 때에는 눈에 띄게 말라서 운동이 큰 도움이 되었으나 역시 식이요법 외에는 잘 이뤄지지 않았다. 어떻든 적극적인 자세로 도전하면 큰 부담 없이 일찌감치 목적에 도달할 수 있다.

운동과 레크리에이션으로 에너지를 재생한다

경마에 돈을 거는 것은 레이스에 이기기 위해서다. 그러나 한 번도 질주하지 못한 말에 거는 사람이 있을까? 물론 없다.

동물이 가장 좋은 컨디션을 가지려면 운동이 없으면 안 된다는 것을 우리는 알고 있다. 그런데도 불구하고 동물을 돌보는 만큼 자신에게 관심이 없는 사람도 많다. 인간에게도 운동은 매우 중요하다. 인간의 활동은 두뇌 쪽에 비중을 더 주어 동물처럼 마음대로 몸을 움직이지 않는 경향이 있지만 운동은 신체를 단련시킬 뿐만 아니라 두뇌의 활동까지도 활발하게 해준다.

운동은 가능하면 매일 주기적으로 하는 것이 좋다. 수영이나 사이클, 테니스, 배드민턴, 조깅이라도 좋다. 1주일에 몇 번을 정해 놓고 일정한 시간에 운동할 수 있도록 계획을 세우자. 정한 시간에는 반드시 운동을 한다. 운동은 매우 중요한 일이니 다른 일로 방해를 받지 않도록 해야 한다.

운동을 하면 근육이 신축하면서 호흡이 커지고, 땀을 흘리고 나면 머리는 시원하게 맑아진다. 기분 좋게 운동하는 동안에는 고민도 사라진다. 운동을 마치면 상쾌한 기분이 든다. 밖에서 못하면 실내에서 할 수 있는 운동도 있다. 유연체조, 근육을 단련하는 운동 등이 그것이다.

바른 식이요법과 운동이야말로 건강과 젊음을 위한 2대 요소이다. 운동을 시작하는 데 너무 늦었다는 일은 없다. 내가 잘 아는 어떤 남성은 심장발작을 두 번씩이나 경험하고 전체적으로 건강이 좋지 않았으나 73세에 재기하여 매일 아침 약

3킬로미터를 걷는 운동부터 시작했다. 심장계통을 단련한 것이다.

레크리에이션은 꼭 운동이라야 하는 법은 없으나, 매일 생활의 일부가 되는 것이 바람직하다. 매일의 심한 일에서 해방되어 편한 안식의 시간이 필요하다. 음악이나 골프, 원예, 등산, 낚시, 그림 등 무엇이라도 좋다. 자신에게 즐거움을 주는 것이면 된다. 이 짧은 휴식시간에는 살기 위한 일은 모두 잊어버리고 에너지를 보급하여 생활의 폭을 넓힌다. 레크리에이션이라는 말은 원래 재창조한다는 뜻이며, 레크리에이션으로 우리는 에너지를 재생할 수 있다.

근심걱정은 자신감으로 지워버린다

"사람은 병보다는 걱정으로 죽는다."는 말이 있는데 그 말은 틀림이 없다. 근심만 하다보면 용기도 시들해지고 일이나 생각도 산산조각이 난다. 화가 나고 심사가 산만하여 초조한 마음에 대인관계를 그르치게 되는 경우가 많다.

근심은 대개 당면한 문제를 놓고 적당한 해결책을 찾지 못한 데서 생긴다. 근심이나 불안은 어떻게 해야 좋은가? 기본적으로 두 가지 해결방법이 있다. 근심의 원인을 적어보는 것과 그것을 분석하는 것이다. 글로 적어본 것을 중요한 순서대로 확인하는 것만으로도 근심의 대부분은 사라질 것이다. 그리고 자기보다 더 큰 고민을 안고 있는 사람이 있다는 것을 깨달으면 근심거리는 더욱 줄어들 것이다. 그래도 남은 문제가 있다면 마음속에서 이들을 없애기 위하여 보다 적극적인 대책을 세워야 한다.

미국의 대통령만큼이나 많은 근심거리를 가진 사람이 또 있을까? 대통령은 실로 중대한 문제를 책임지고 있으며 복잡한 것들뿐이다. 게다가 일반인들의 문제에 비하면 훨씬 험난하기도 하다. 그럼에도 불구하고 한때 트루먼 대통령은 하루의 집무를 끝낸 뒤 만사를 잊어버리고 깊은 잠에 빠질 수 있었다고 한다. 어떻게 이런 배포를 가질 수 있었을까? 그것은 자신감이 있었기 때문이다. 자신이 매일 최선을 다했다는, 그 이상은 할 수가 없다는 자신감. 이것이 있었기에 마음에 두고 애를 태울 것이 없었다. 나머지는 신의 가호를 빌 뿐이다. 자신은 전력을 다 쏟았다는 확신과 반드시 해결의 길은 열린다는 신념이 있으면 아무리 큰 곤란을 겪어도 근심은 없어진다.

그러나 때로는 자신이나 신념을 가질 수 없는 것도 사실이다. 그럴 때에는 자신을 잘 컨트롤할 필요가 있다. 남의 고민에 눈길을 돌리는 것도 하나의 방법일 것이다. 그것을 자기의 그것과 비교해본다. 자신의 고뇌가 크지 않고 보잘것없는 것이라면 오히려 자신은 다행이라고 여기게 된다.

남을 위한 일을 하는 것도 좋다. 환자를 문병한다든가 신체장애자에게 봉사를 하는 것도 한 방법이다. 때로는 자연을 벗 삼아 한가한 시간을 보낸다. 갓 피려는 꽃송이, 시시각각으로 색상을 바꾸는 저녁노을, 바위 사이를 달리는 냇물에 귀를 기울여본다. 그리고 때로는 취미나 레크리에이션으로 정기를 기르는 것도 나쁘지 않다. 음악에 귀를 기울이면서 마음을 편안하게 하고 명상에 잠기는 방법도 정신을 냉정하게 유지하는 데 효과가 있다. 이처럼 여러 가지 방법으로 자신과 신념을 다시 찾을 수 있다.

충분한 수면과 휴식으로 에너지를 생성한다

주위를 살펴보면 자연계에서 휴식을 필요로 하지 않는 것은 거의 없다는 것을 알 수 있다. 인간의 몸도 자연의 일부다. 다 태워버리지 않으려면 휴식이 필요하다. 게다가 몸을 쉬는 사이에 예지를 기를 수도 있다. 그리고 충분한 수면은 그전보다 한층 활발하게 활동할 수 있는 에너지를 보충해준다.

때로는 육체의 요구를 무시하고 휴식을 별로 취하지 않는 경우가 있다. 그러나 필요한 휴식을 취하지 않으면 육체는 반드시 위험신호를 보내게 된다. 휴식의 양은 사람마다 다르다. 자기에게는 어느 정도의 휴식이 필요한지 규명하기 위해 육체를 혹사하는 것은 좋지 않다.

그리고 수면시간은 가능한 제대로 가져야 한다. 충분하지 못했을 때는 되도록 빨리 그 보충을 해야 한다.

건전한 생각과 행동을 한다

병에 걸리지 말라는 보장은 없다. 그러나 건강한 생각을 하고 심신의 건강을 기원하면서 건전하게 행동할 때 상황은 훨씬 좋아질 것이다.

중요한 것은 건전한 생각이다. 이것은 에너지를 생성하는 원천이다. 건전하고 전진적인 자세는 육체를 바람직한 상태로 유지하고, 어떤 일에도 전력으로 실력을 발휘할 수 있도록 해준다. 개인적인 고민이나 하는 일이 장벽에 부딪쳐 심신에 지장을 초래하는 것은 어리석은 일이다. 안 된다는 생각이 바로 자신을 안 되는 상황으로 몰아간다.

반대로 성공한다고 생각하면 성공에의 길은 트인다. 자신의 마음과 육체가 건강하고 활력에 넘쳐 있으면 심신이 다 같이 그 마음가짐에 반응한다.

심신의 건강을 기원하라. 기도할 때는 자기의 생각은 일체 잊어버리고 완전히 신의 의지에 의탁하라. 기도는 신의 손에 자기 자신을 맡기는 일이다. 그렇게 하면 반드시 새로운 힘이 솟아오를 것이다.

건전한 자세로 행동하라. 생각하고 기도했으면 다음에는 스스로 행동한다. 건전한 행동은 행복에의 열쇠다.

02 호감을 주는 겉모습을 갖추어라

사람의 얼굴은 하나의 풍경이요,
한 권의 책이다. 얼굴은 결코 거짓말을 하지 않는다 | 발자크

과일이나 야채를 사려고 가게에 들어갔다고 하자. 어떤 상품을 택하게 될까? 물론 신선하고 가장 맛있어 보이는 것을 택할 것이다. 신문을 살 때에도 구겨진 것이 아니라 깨끗한 것을 집을 것이다.

사람은 제일 좋은 것을 가지고 싶어한다. 과일이거나 꽃다발이거나 회사에 고용하는 사람이거나 다 마찬가지다. 이런 때 외모가 큰 힘을 발휘하는 것은 외모가 그 자체의 내용을 어느 정도 나타내고 있기 때문이다. 물론 얼마 후에 사들인 사과가 시었다든가, 꽃이 얼른 시들어버렸다든가, 그럴 듯하게 보인 인물이 일에 적합지 못한 경우도 있다. 그러나 어쨌든 겉보기가 좋은 것은 첫인상으로 사람을 끌어들인다.

첫인상이 주는 기회는 단 한 번밖에 없으니 좋은 인상을 주도록 노력해야 한다. 그런 의미에서 겉모습에 주의를 한다는 것은 자기에게 유리한 일이다.

만사가 잘 준비되어 있다는 인상을 주는 것이 필요하다. 옷차림이 단정하면 자신이 넘치고 용기가 솟는다. 너절한 티를 내면 성공의 계기는 거의 잡을 수 없다는 것을 알아야 한다.

사람에게 좋은 느낌을 주는 것은 자신감에도 영향을 미친다. 즉 주위사람들과 잘 되어가고 있다는 자신감이 필요하다. 결국 사회적으로나 직업적으로 성공하느냐 못하느냐는 사람들의 평가에 달려 있다. 그렇기 때문에 사람들이 자기에게 적극적으로 반응을 보여주는 일이 절대로 필요하다는 것을 새겨두어야 한다. 그리고 자기가 프로답게 보이고 그렇게 행동하지 않으면 사람들은 결코 프로로 취급해주지 않는다는 것도 알아두어야 한다.

여기서 다시 과일 이야기로 되돌아가보자. 두 사과 중 하나밖에 선택할 수 없다고 한다면 어느 사과를 택하겠는가? 당연히 좋아 보이는 쪽일 것이다. 사람의 경우도 같다. 두 사람 중에 한 사람을 택한다면 좋아 보이는 인물을 택할 것이다.

사람들이 인정하고 자기도 이만하면 된다는 느낌을 가질 수 있는지 어떤지는 외면과 내면, 즉 겉모습과 인격에 달려 있다. 먼저 겉모습에 대해서 좀 더 생각해보자.

호감을 주는 복장을 한다

그렇다면 어떤 복장이 좋을까? 누가 그 기준을 정하는가? 하루에 열 사람을 만나면 편리한 옷차림부터 정장에 이르기까지 그 모습은 열이면 열 다 다르다고 할 수 있을까? 어쩌다가 특별한 복장을 한 사람도 있을지 모른다. 무엇을 기준으로 복장을 따진단 말인가?

그 해답은 이른바 때와 장소, 경우에 달렸다. 무엇을 입느냐는 그 자리의 분위기에 달렸다. 야구시합을 보러 가는 것인지, 가족끼리의 피크닉인지 아니면 일자리의 모임인지에 따라 다르다.

복장은 그 인물의 스타일 전체를 결정한다. 스타일에 따라서는 지나치게 허물없다는 인상을 주기도 하고 과도하면 복장만 눈에 띄어 갑갑하다. 야하지도 않고 빈약하지도 않은 적당한 수준이 호감을 준다. 옷에 돈을 들일 만한 여유가 없다고 해서 마음이 상할 필요가 없으나 가능한 범위에서 가장 좋은 것을 선택해야 한다. 몸에 맞고 얼마나 단정하게 입었느냐가 중요하다. 자기에게 가장 잘 어울리는 옷을 사고, 살 때는 노고를 아끼지 말고 부지런히 찾아다녀야 한다. 무엇이 잘 어울릴지 모를 때는 책을 통해 연구하는 것도 좋다.

구두는 잘 닦아서 신고 다닌다. 손톱은 청결하게 하고, 피부에 염증 같은 것이 있을 때에는 곧 치료해야 한다. 안경을

낄 때에는 얼굴에 맞는 것을 고르고 이것도 청결하게 유지한다. 실내에서는 선글라스를 벗는다. 말할 때 상대방의 시선이 보이지 않는 것처럼 기분이 상하는 일도 없으니까.

머리 역시 단정하고 청결하게 해야 한다. 물론 자기 취향대로 헤어스타일을 정해야 하지만, 사람들에게 좋은 인상을 남기려면 역시 극단적인 스타일은 피하는 편이 좋다. 머리 스타일뿐만 아니라 엉뚱한 차림을 하면 사람들의 시선은 그 사람 자체보다 그 차림에 끌리게 된다.

버릇이나 말씨를 점검한다

사람을 조마조마하게 하는 버릇은 그만두자. 가령 껌을 씹거나 줄 담배를 피워대고 얼굴을 자주 문지르거나 큰소리로 지껄이는 등은 주위 사람을 초조하게 만든다.

부주의한 말투는 피하자. 축구경기장에서나 쓰는 말투는 회의실이나 파티 석상에서는 적합지 않다. 사람은 그가 쓰는 말투로 미루어 판단되는 경우가 많다. 바르고 품위 있는 말을 쓰려면 상당한 노력이 필요하지만 그래도 노력할 만한 가치는 있다.

나쁜 습관을 바로잡을 때에 문제가 되는 것은 자신이 잘못을 자각하지 못한다는 사실이다. 이럴 때 충고해주는 친구나 가족은 고마운 존재라고 하지 않을 수 없다. 자각하기만 한다면 그 버릇을 고칠 수도 있고 어떤 해결책도 찾을 수 있다.

    이러한 일들은 만나는 사람들에게 좋은 인상을 주기 위해서 꼭 필요하다. 그리고 자기가 마음을 놓고 편히 지낼 수 있기 때문이기도 하다. 사람들에게 좋고 오래가는 인상을 줄 수 있다면 그때부터 자신은 사람들에게 인정을 받게 되는 것이다. 그리고 이만하면 된다고 느끼면 그 마음은 자연히 보다 좋은 태도로 나타난다. 당당한 겉모습은 스스로 낳는 것이다. 자신에 찬 표정은 사람의 눈길을 끌이 사람들을 끌려오게 한다.

    이렇게 해서 자기를 성공으로 이끌어간다. 사람들로부터 호감을 샀을 때는 기분이 좋기도 하지만 자기가 바라는 방향으로 행동하고 있다는 증거이기도 하다.

03 사람을 끄는 인격을 형성하라

> 훌륭한 예절이란 타인의
> 감정을 고려해 표현하는 기술이다 | 밀러

　사람들이 기꺼이 자기를 위해서 일을 해주는 경우가 있다. 그것은 매력적인 인품 때문이다. 사람됨을 보면 그 사람의 내면을 알 수 있다. 순진한가, 겉보기만 그런가, 사실인가 아니면 거짓인가? 때로 오해를 받는 일이 있어도 머지않아 실제의 모습이 사람들 눈에 확실히 비치게 된다.

　인품, 즉 퍼스낼리티는 다른 사람과 마음을 서로 털어놓을 수 있는 방법이라고 할 수도 있다. 사랑에 빠진 두 사람은 서로의 마음을 전하는 데에 아무런 고생도 하지 않는다. 말조차 불필요하다. 이와 같은 전달은 서로 영향을 주고받는 사람들 사이에서는 언제나 이뤄지고 있다. 그러므로 어떤 사람의 퍼스낼리티를 보면 그 사람이 행복한지 어떤지를 쉽게 알 수 있다. 설명할 필요도 없다. 그 사람의 퍼스낼리티가 먼저 말해 준다.

호의는 호의를, 악의는 악의를 부른다

'호의는 호의를 부르고, 악의는 악의를 부른다'는 말은 사람에게 호감을 사려면 자기 쪽에서 먼저 그 사람에게 호의를 가져야 한다는 뜻이다. 바꾸어 말하면, 자기가 남에게 한 일이 그대로 남김없이 자기에게 돌아온다는 것이다. 산을 향해 외치면 그 소리가 고스란히 되돌아오는 것처럼 말이다. 성서에서는 "뿌린 씨는 수확으로 거두지 않으면 안 된다."고 적절하게 표현하고 있다.

이것은 적극적인 사고나 목표에의 정신 집중, 상상력에 대해 지금까지 말한 것들과 직접적으로 관계가 있다. 가지고 싶은 것이 있으면 그에 대해 적극적으로 생각하고 달성해야 할 최종 목표에 전력을 집중하지 않으면 안 된다. 이에 따라서 최선을 다하고 전력투구함으로써 거짓 없는 인격이 형성된다. 진심으로 팔고 싶은 생각도 없는 상품을 어떻게 사람들에게 사게 할 수 있겠는가? 소극적인 생각을 품고 있으면 누구도 살 의욕을 잃고 만다.

이 '산울림의 효과'는 퍼스낼리티를 형성하는 데 기본적인 역할을 한다. 사람에게 바라는 반응을 얻으려면 자기도 적극적으로 그렇게 해야만 한다. 바로 그것이 성공해서 행복해지는 길이다. 아이는 자기가 대응을 받는 만큼 남들에게도 한다. 사랑을 받으며 자란 아이는 애정이 많은 인간이 되고, 속거나 바보 취급을 당하면서 자란 아이는 냉혹하고 악의에 찬 사람이 된다. 이는 어느 정도 어른에게도 해당된다. 자기가 다른 사람에게 준 대로 다른 사람으로부터 받게 된다. 다음에는 이 산울림이 고스란히 되돌아오는 길목에 눈을 돌려보자.

사람들이 자기에게 무엇을 바라는지 살핀다

타인에게 아무 감정도 가질 수 없는 사람은 성공하지 못한다. 이런 사람은 피하는 편이 좋다. 이런 사람에게는 아무도 도움을 청하지 않을 것이며, 사람에게 어떤 영향을 주는 일도 없다.

내 친구 중의 한 사람이 판매회사의 공동경영자가 되어달라는 제의를 받은 일이 있었다. 그는 이 말에 크게 기뻐했다. 왜냐하면 사장은 경영에 능해서 회사는 막 솟는 해처럼 번영을 거듭하고 있었기 때문이다. 그러나 친구는 대답을 하기 전에 조사하는 것을 잊지 않았다. 그런데 화려하게 성공을 거둔 회사임에도 불구하고 여기저기에서 고객들이 줄어들고 있다는 정보가 있었다.

왜 그럴까? 그것은 사장의 사람됨이 원인이었다. 처음 거둔 성공에 배짱이 생겨 무엇이든지 할 수 있다고 자만하며 고객과 직원에게 거드름을 피우고 있었다. 사장을 좋게 말하는 사람은 아무도 없었다. 그것을 알게 된 친구는 제의를 거절했다. 몇 개월 후 불만을 품은 부장 두 사람이 회사를 그만두고 나가버렸다. 남을 생각하는 인정이 없었기 때문에 사장은 외톨이로 남았으나 누구도 힘이 되어주려 하지 않았다. 성공에 눈이 어두워진 그는 무엇이든지 혼자 할 수 있다고 여겨왔던 것이다.

성공하려면 사람의 도움이 필요하다. 그리고 그 도움은 사람들이 자기에게 무엇을 바라고 있는지를 알았을 때 비로소 얻을 수 있다.

그렇다면 남이 나에게 해주기를 바라는 것들은 무엇일까?

마음에서 우러나는 감사를 한다

감사와 예의를 혼동해서는 안 된다. 사회생활을 원만하게 하기 위해 예의가 필요한데 이것이 없다면 우리들의 생활은 팍팍해질 것이다. 예의는 남을 위하는 마음에서 생겨났다. 그러나 차츰 공허한 장식이 되어, 본래의 목적을 위태롭게 하는 형식으로 변해버렸다. 영어 Thank You는 원래 당신에게 감사한다는 뜻인데 지금에 와서는 단순한, 뚜렷한 뜻이 없는 말에 지나지 않는다. 그렇게 말하면 예의에 벗어나지 않으리라는 생각으로 말하는 것에 불과하다. 진정한 감사가 말로 표현되는 일이 드물다.

그러나 사람은 자기가 한 일에 대해 진심에서 우러나오는 고마움의 인사를 받고 싶어한다. 감사를 받는다는 것은 자기의 행위가 당연한 것이며 당사자가 바라던 일을 해준 데 불과하지만, 사람이 그것을 선의와 친절한 행위라고 인정하는 표시도 된다. 친절과 성의에 대해서 지나가는 말로 인사를 던질 게 아니라 진심으로 감사하는 마음을 담아 표현하라.

눈매의 미소에 인간성이 나타난다

어떤 친구가 이런 말을 한 적이 있다.

"정직한 사람인지 아닌지는 한눈에 알 수 있어. 정직한 사람은 입언저리보다 눈매에 웃음이 고여 있으니까."

맞는 말이다. 정직함은 눈에 나타난다. 우리가 사람을 판단할 때에 그 사람이 다른 사람에게 어떻게 반응하는가, 자기를 어떻게 표현하는가를 본다. 그럴 때 가장 표현이 뚜렷한 곳이 눈이다.

사람의 눈을 똑바로 보지 않는 사람, 흘겨보는 사람, 눈이 웃지 않는 사람은 불성실하고 불안전해서 신용할 수 없다는 인상을 준다.

하고 싶은 일이 있어도 할 능력이 없는 경우가 있다. 그러나 정직은 지우개와 같아서 그 결점을 감추어 가까이 하려는 사람들과 직접 교류하는 일을 가능케 한다. 정직에는 그런 숨은 힘이 있다. 사람은 감추는 일이 있으면 겁을 먹게 마련이다. 정직한 사람은 감출 일이 없어서 당당한 용기를 가지고 서슴없이 앞으로 나갈 수 있다. 이런 인물은 보기에도 고결하고 믿음직하다. 사람들은 이런 인물과 사귀기를 원한다. 이처럼 정직한 사람은 다른 사람을 자기의 방향으로 동기를 부여하는 힘을 가지고 있다.

관용은 상처를 아물게 한다

참다운 관용이란 과거를 완전히 잊는 일이다. 어중간한 것은 좋지 않다. 용서한다는 행위는 완전하지 못하면 무의미하기 때문이다.

예를 들면, 밖에서 타이어를 갈아 끼우고 흙투성이가 되어 집안으로 들어온다 하자. 샤워를 하고 더러워진 곳을 완전히 씻어낸다. 말하자면 몸을 청결하게 가꾼다. 몸은 아주 깨끗해지고 사람들도 깨끗하다고 인정한다.

용서한다는 것도 이런 것이다. 괴로움이나 초조감이 누구의 탓으로 생겼든 마음으로 용서하면 남김없이 씻겨 영원히 사라져버린다.

사람에게 원한이나 악의를 품는 사람, 남의 탓으로 생긴 불쾌감을 잊지 못하는 사람은 자기 자신의 정신에 파탄을 가져올 뿐 아니라 육체적으로도 장애를 일으키기 쉽다. 따라서 개인적으로 생각해도 관용이 중요하다는 것을 알 수 있다. 정신적으로나 육체적으로 건강상태를 유지할 수 있기 때문이다.

또 사람을 용서함으로써 그 사람과의 사이에 우정이 다시 돌아온다. 정직함이 눈에 나타나는 것처럼 얼마나 그 사람의 입장에 서서 생각할 수 있는지도 눈을 보면 알 수 있다. 본질적으로 이 감정도 정직의 한 표시이기 때문이다. 관용도 정직과 마찬가지로 사람의 마음을 아물게 한다. 용기 있는 행위는 인격에 광채를 더하고 사람들이 자기에게 관용을 베풀 수 있도록 끊임없이 동기를 부여하게 된다.

때로는 자기 자신에 대해서도 관용을 베풀 필요가 있다. 사람에게 심한 짓을 저지르고 후회하는 일은 없는가. 그럴 때는 모든 것을 까마득히 잊어버려야 한다. 과거의 잘못을 언제까지나 잊지 않고 괴로움으로 간직하는 일은 남에게 언제까지나 원한을 가진 만큼이나 해롭다는 것을 알아야 한다. 자기를 용서하고 아무 일도 없었던 것처럼 전진하자.

위트와 유머는 인생의 조미료다

위트와 유머가 없다면 인생은 얼마나 삭막할까? 사람들이 자기에 대해서 농담을 하거나 어떤 사건을 유머러스하게 풍

자하는 것을 들으면 마음은 또 얼마나 흐뭇해지는가?

아무 즐거움도 없을 만큼 인생을 험난한 것으로 보고 있다면 무언가 잘못되어 있다. 이럴 때는 목표를 수정하는 편이 나을지 모른다. 목표는 인생에 가득한 기쁨과 희망을 주는 것이어야 한다. 단지 즐겁다는 것만으로 함께 있고 싶은 사람들이 있다. 그들은 사람을 끄는 데가 있다. 그들은 에너지를 충전해준다. 반대로 인생의 아무런 기쁨도 갖지 못한 사람들, 언제나 일에만 쫓기는 사람들에게는 매력을 느낄 수 없다.

즐긴다는 것과 자기가 재미있게, 우스꽝스럽게 논다는 것은 차이가 있다. 즐겁게 놀려고 해도 어딘가 어색한 데가 눈에 띄는 사람이 있다. 이런 사람은 무의식중에 사람을 모욕하는 일이 있으므로 주의해야 한다. 억지로 농담에 끼어들다 사람의 감정을 해치기보다는 나서지 않는 편이 무난하다고 할 수 있다.

위트가 풍부하고 이것을 잘 다루는 능력이야 있건 없건 인생을 아무런 즐거움도 없을 만큼 심각하게 생각하지 말고 마음 편히 지내면 그 인품이 다른 사람을 자기 쪽으로 향하게 하는 동기를 갖게 한다. 인생은 고행이 아니다. 인생은 살아가는 것, 그리고 기대와 흥분에 찬 것이다. 그런 인생을 가져야만 한다.

사랑은 간직해두는 것이 아니라 주는 것이다

마지막으로 사람을 끄는 퍼스낼리티란 사랑이다. 인간에의 사랑은 온후한 성격이나 감사, 정직, 관용, 선의, 유머로 나타난다. 사랑은 힘이기도 하거니와 행동이기도 하다. 사랑은 마음에 사랑을 낳게 하므로 모든 문을 열게 한다.

사랑에 대한 나의 충고는 아주 간단하다.

"누군가를 사랑하고 있다면 그 사람에게 사랑한다고 말하라."

알고 있겠거니 생각하거나 구태여 알릴 필요가 없다고 여겨 사랑을 말하지 않는 사람이 적지 않다. 어느 강연회가 끝난 뒤 한 회사의 중역이 나의 사랑 이야기에 감동을 받았다고 말했다. 그러면서 자신의 얘기를 들려주었다.

그의 아내는 자주 함께 식사를 하고 싶어했는데 그의 대답은 언제나 같았다.

"그렇게 하고 싶은데 지금은 바빠."

중요한 회의가 있을 예정이던 어느 아침에 그의 아내는 같은 제안을 또 했다.

"점심을 함께 하면 어떨까요?"

"미안하지만 안 되는데……"

그는 거절했다. 그런데 회의 중에 그의 아내가 자동차 사고로 죽었다는 소식이 전해졌다. 그는 눈물을 머금고 말했다.

"의사가 한 시간만 더 아내를 살려줄 수 있다면 어떤 대가라도 치루겠더군요. 앞으로 한 시간만 더…… 함께 식사를 하고 사랑한다고 말해주고 싶었는데……"

이런 이야기도 있다. 가수이자 배우인 메리 마틴이 오스카 해머스타인의 뮤지컬에서 무대에 섰을 때의 일이다. 암으로 이미 죽음을 선고 받은 해머스타인으로부터 마틴에게 다음과 같은 편지가 전해졌다.

당신이 누르지 않으면,
벨은 이미 벨이 아니다.
당신이 노래하지 않으면,
노래는 이미 노래가 아니다.
사랑은 당신 가슴 속에
간직해두는 것이 아니다.
당신이 주지 않는다면
사랑은 이미 사랑이 아니다.

04 좋은 인간관계를 유지하라

대리석이 아니라 다른 사람의 마음에 여러분의 이름을 새겨라

| 찰스 스퍼전

인생은 인간관계의 집적이라고 할 수 있다. 좋은 인간관계란 두 사람의 건전한 인간이 있어야만 한다. 따라서 그 한쪽, 즉 자기 자신이 건강하고 적응성이 없으면 안 된다.

자기 자신을 어떻게 생각하고 어떻게 느끼고 있는가? 속속들이 자신을 평가하고 존경하고 있는가?

자기를 사랑한다는 것은 에고이즘과는 다르다. 자신은 이 세상에 오직 한 사람, 어떤 것과도 바꿀 수 없는 인간이라고 자각해야 한다. 지구가 시작된 이후 자기와 같은 인간은 존재한 일이 없고, 장래도 그러할 것이다. 그렇게 생각한다면 자기가 얼마나 특별한 인간인지를 알 수 있을 것이다. 신은 불필요한 것을 만들어내는 일이 없다는 것도 마음에 새겨두어야

한다. 자기의 능력이나 재능, 가능성을 잠재워서는 안 된다. 이들을 살려서 사람들에게 나누어주고 인류를 위한 도움이 되어야 한다.

마음이 통하는 커뮤니케이션 기법

우리는 거의 모든 일에서 커뮤니케이션을 하고 있다. 그런데 두 사람이 말하고 있을 때 말 이외에도 전해지는 것이 있다. 그것은 말투나 말하는 이의 모습, 복장, 음성 등이다. 이러한 모든 것이 그 사람됨을 드러내고 있다. 말로 하지 않는 그 사람의 속셈이나 생각이 어떤 형태로든 상대에 전해질 것이다. 이처럼 우리의 존재 자체가 자신을 말하고 있으므로 자신을 사랑하지 않는다면 사람에게 경의를 표하는 일이나 적극적으로 커뮤니케이션을 꾀하는 일은 할 수 없다. 말 한 번 해본 적도 없는 사람을 그 사람의 행동을 통해서 판단하는 일이 얼마나 많은가?

듣는 일도 커뮤니케이션의 하나다. 우리는 사람이 하는 말을 진심으로 들었다고 할 수 있을까? 말만으로 판단을 내리고 있지나 않았을까? 들을 때 경의를 나타내고 귀를 기울이고 있을까? 냉담하게 다만 그렇지 않은 척하고 상대를 다루어오지 않았는가? 다른 사람들도 자기와 마찬가지로 유일무이한 인간임을 잊어서는 안 된다.

커뮤니케이션은 자기 자신을 사람들 마음의 눈앞에 드러내 보이는 일이다. 듣는다는 것은 자기의 마음과 눈에 드러난 사람과의 커뮤니케이션이라고 할 수 있다.

충실한 결혼생활은 부부간의 솔직한 대화에서 비롯된다

결혼은 인생의 가장 중대한 약속이다. 결혼은 두 사람이 그 중대한 약속에 따라 살아갈 것을 요구한다. 결혼이 성공하기 위해서는 사랑과 협력을 아껴서는 안 된다. 상대의 행위와 맞바꿔 어떤 일을 한다는 타산이 있어서는 안 된다. 이것이 바로 충실한 결혼생활의 규범이다.

신혼시절에는 매일 황홀하고 머리에서 발끝까지 사랑이 철철 넘친다. 그러나 얼마가 지나면 금전상의 문제나 애들 때문에 부부가 충돌하게 된다. 그럴 때 모든 것이 잘 되어가는 것처럼 행동하는 것은 자기의 감정을 기만하는 것이지만, 결혼에 필요한 강한 연대감을 교환하는 행위도 된다. 부부간의 마찰이나 불만은 덮지 말고 애정을 가지고 상대와 솔직한 의견을 나누어 문제를 해결해야 한다.

결혼생활을 충실하게 하려면 시간이 걸린다. 가정 밖의 활동이나 일을 결혼생활보다 우선적으로 다루면 두 사람의 생활에 지장이 생긴다. 결혼생활은 키워가야 하는 것이므로 부부가 함께 지내야 할 시간이 필요하다. 평소에 충분히 키우면 그날그날의 문제나 충돌은 모나지 않게 처리할 수 있으며 세월이 지나감에 따라서 깊어지는 애정도 발견할 수 있다.

아이도 인격체임을 잊지 않는다

결혼해서 아이가 태어나면 부모는 아이에게 자존심을 가질 것을 적극적으로 가르쳐주어야 한다. 아이가 원하는 대로, 아니 그 이상으로 물질적인 면에서 아이의 비위를 맞추면서도 그들의 심정은 이해하거나 존중하지 않는 부모를 자주 보게 된다. 부모가 아이의 자존심을 어떻게 키워주느냐는 아이의 성장과 장래에 직접 연결되어 있다. 부모의 입장에서는 오랜 기간의 책임과 헌신과 사랑에 찬 인내력이 있어야 한다.

아이들에게는 부모가 얼마나 그들을 사랑하는지, 그 사랑은 조건이 없으며 어떤 일이 있어도 아이를 사랑한다는 점을 가르치는 것이 중요하다. 이것은 아이가 무엇을 해도 괜찮다는 뜻이 아니다. 아이로 하여금 자기가 하는 일은 무엇이든 옳다고 생각하게 해서는 안 된다. 무엇인가를 잘못했을 때는 아이의 인격을 부정하지 말고 아이의 행위를 부정해야 한다.

아이가 무엇인가 이루어 놓았을 때에는 그것을 자랑으로 생각해야 한다. 그리고 자랑으로 생각한다는 점을 아이에게 전한다. 굳은 자존심을 가진 아이는 커서 실망이나 좌절하는 일이 있어도 견디어낸다. 남의 칭찬을 받지 못한 아이는 역경에 쓰러질 만큼 약하다.

직장의 인간관계는 서로 존경하는 데서 시작된다

다른 인간관계와 마찬가지로 직장에서도 자기 평가가 성공으로 이끈다. 경영자건 사원이건 직장 동료와는 공동의 목적으로 맺어져 있다. 서로가 회사의 번영을 바라고 있는 셈이다. 일할 때 자신감과 정열과 협조적인 태도로 임할 때 최고의 역량을 발휘할 수 있다.

바람직한 직장의 인간관계는 서로 존경하는 데서 비롯된다. 사원은 의무와 거기에 따른 어느 정도의 책임이 주어져 있다고 인식해야 한다. 그리고 만족감을 느낄 수 있는 일을 찾아내는 것이 중요하다.

경영자는 부하의 능력을 존중하고 책임을 주어, 그들에게 기대한다는 것을 분명히 해야 한다. 마음의 문을 열고 유연하게 신뢰와 선의에 넘친 분위기를 만들도록 노력해야 할 것이다. 사원이 가벼운 마음으로 말을 걸 수 있고 자기들의 작업이 평가되고 존중받고 있다는 느낌이 들도록 해야 한다. 그들의 목표와 희망에 진심으로 관심을 표시해야 한다.

직장의 인간관계는 처음부터 우정을 기초로 삼을 필요는 없다. 함께 일하다보면 굳은 우정이 생기는 일이 많기 때문이다.

친구는 안전한 배와 같다

친구를 사귀는 것은 아주 중요하다. 개인적인 성공이나 자존심은 그 사람의 친구의 수로 결정된다고까지 한다. 우정은 자신에 대한 사랑을 다른 사람과 나누어 가짐을 말한다. 우정이 없다면 우리는 고독에 빠져 삭막하게 지내야 할 것이다.

벗이 되기 위해서는 흥미나 정열, 고민을 나눠 가져야 한다. 사람에 대해서는 아량을 베풀고 정직해야 한다. 우정을 소중히 알고 벗에게 감사의 뜻을 밝혀야 한다. 어떤 이유나 경우에서든 서로가 의지할 수 있다는 것을 인식해야 한다.

친구란 안전한 배와 같은 것이므로 거기에 머무르는 한 마음을 놓을 수 있고 말이나 행동 없이도 서로 잘 통한다. 영국의 소설가 조지 엘리엇의 다음 말처럼 우정을 잘 나타낸 것도 없을 것이다.

"우정이란 한 사람의 인간과 함께 느낄 수 있는 다시 없는 평온한 느낌이다. 생각을 더듬는 일도 말을 셈할 일도 없다."

진정한 자존심은 타인의 가치를 인정하는 데서 온다

우리는 인류의 일원이기에 혼자서 살아남을 수는 없다. 일하거나 놀 때, 한가하거나 바쁠 때, 가정에서나 여행지에서 끊임없이 사람과의 관계 속에서 산다. 몇천 마일 밖의 장소에서 터진 사건이 우리의 인생을 바꾸어 놓는 일이 있다. 개인적으로나 사회적으로 우리 모두 세계의 일부인 것이다.

   되풀이되는 말이지만 자존심은 이기주의가 아니다. 자존심은 우리 한 사람 한 사람이 사회에서뿐만 아니라 전세계의 일원이 된다는 것을 알려준다. 굶주린 사람들, 집이 없는 사람들, 억압받는 사람들에게 관심을 기울여 원조의 손길을 내밀어야 한다. 해결해야 할 문제가 있다면 사회 전체가 서로 고민해서 노력해야 한다.

   가족이나 직장, 더 넓은 세계에서 우리를 기다리는 기회는 무한하며 찬란한 것이다. 자기 자신을 어떻게 생각하고 자존심을 어떻게 확대하느냐가 이러한 기회를 붙잡는 열쇠가 된다. 자신에 대한 태도야말로 자신의 인생을 최선이 되게 하는 동기의 근원이다. 기회를 놓쳐서는 안 된다. 기회는 자신의 가치를 사람들에게 전하고 사람의 가치를 인정해야만 잡을 수 있다.

self
remodeling
power

5장

사람을 움직이는 사랑과 신념

01 역경을 인생 역전의 기회로 삼아라

인생은 절망의 반대편에서 시작된다

| 장 폴 사르트르

심리학자이자 철학자인 윌리엄 제임스는, 인간은 그 자세에 따라 인생을 바꿀 수 있음을 발견하고 이것을 '개혁'이라고 이름 지었다. 인생의 목표를 가지고 그것을 성취하기 위해 바른 자세로 걷는 인물은 그 누구도 말릴 수 없다. 자세를 바로 가짐으로써 능력은 최대한으로 발휘되고 그로 인해 최대한의 것을 얻을 수 있다.

다니엘 제임스의 이야기는 이 원리를 매우 잘 보여주고 있다. 그는 1920년 플로리다 주 북서부의 펜사콜라의 흑인빈민가에서 17형제의 막내로 태어났다. 펜사콜라는 공군항공대의 본거지여서 제임스는 매일 하늘 가득히 날으는 공군의 연습기를 쳐다보며 자랐다. 12세 때 비행기의 조종을 배울 자금을 마련하기 위해 공항의 심부름을 자청했다. 공군에 들어가 하늘을 나는 것이 꿈이었으나 당시는 흑인이 군의 조종사가 되는 것을 금했다.

고등학교를 마친 뒤 타스키기 흑인학교에 입학하여 축구선수가 되고, 의학박사가 되었다. 1942년 제임스는 정부가 지원하는 민간조종사 훈련 프로그램을 마쳤다. 이것은 흑인 조종사를 키우는 특별 프로그램이었다. 1943년 초순까지 그는 타스키기의 공군항공대 양성소에서 흑인의 항공부대 조종사를 양성하는, 최초의 프로그램을 담당하는 민간 외교관으로서 교편을 잡았다.

곧 제임스는 항공대의 소위로 임관되었다. 그 후 6년간은 미합중국 전투부대에 근무했다. 당시 흑인 조종사는 사회적으로 인정받지 못했고 아울러 백인과 평등한 기회가 주어지지 않았다. 제임스는 군대에서 흑인의 평등한 기회를 얻기 위해 몇 번 이의를 제기했다. 드디어 1948년 트루먼 대통령이 군에서의 평등을 지시하기에 이르렀다.

1956년 육군중령이 된 제임스는 맥스웰 공군기지에서 항공참모대학에 근무했다. 나아가 국무장관 부보좌관으로 임명되었다. 이 시기에 제임스는 미국에서 발언권이 있는 한 사람이 되었다. 점차 승진을 거듭하여 1975년 흑인으로서는 처음으로 별 네 개를 받아 장군이 된다. 그리고 북미방공사령부의 최고 사령관도 되었다.

약한 자라면 짓눌렀을 역경에서 자라면서도 제임스는 바른 자세로 일관하여 이를 떨쳐버렸다. 그는 종종 다음과 같은 어머니의 말을 인용했다.

"우리는 흑인인데다 가난하지만 모두 하느님의 아들이란다. 바른 자세를 지키도록 노력하자. 인격을 닦고 열심히 일을 해서 뚜렷한 목표를 간직하고, 그리고 언제나 꼭 할 수 있다는 신념으로 노력한다면 높고 먼 데 있는 소원도 풀 수 있단다."

적극적인 자세가 성공의 지름길이다

목표가 직업과 관련된 경우에도 자기의 자세가 중요한 역할을 한다. 지위에 합당한 훌륭한 학력이 있고 조건으로 볼 때 누구도 실패하리라는 것을 예상도 못할 인물을 나는 많이 알고 있다. 모두 그가 틀림없이 직장의 스타가 될 것으로 생각했는데 그렇게는 되지 않았다. 그들은 하늘의 스타가 아니라 땅에서조차 발을 들여놓지 못하고 말았다.

한편 거의 학력도 없는데도 끊임없이 승진을 하고 한 단계씩 오를 때마다 생각도 못할 만큼 지식을 터득해간 사람도 있다.

이 차이는 적극적 자세에서 비롯된다. 적극적인 자세를 가지면 마음의 문이 열리고 기회를 놓치지 않는다. 성장하면 자신의 껍질에서 벗어나 사람들의 마음에도 가 닿을 수 있다. 이러한 자세는 거대한 기업이건 작은 집단이건 모든 조직을 확대시킨다.

그 좋은 예가 스포츠에 나타난다. 아무리 뛰어난 선수라도 소극적인 자세로는 시합에 이길 수 없다. 그러나 적극적인 자세가 있다면 코치로부터 많은 것을 배우고 팀의 멤버와도 협력관계를 가질 수 있다. 팀 전체를 분발하게 할 수가 있고 그 역량은 시합을 관전하는 사람에게까지 미친다.

할 수 있다는 마음이 목표의 실현으로 이어진다

목표를 달성하려 할 때, 자세는 중요한 역할을 한다. 적극적인 자세가 없는 목표는 목표라고 할 수 없다. 목표에 도달할 수단이 없으므로 그것으로 향하는 자체가 무의미하다. 스트레스나 난제를 극복할 능력도 없고, 일시적인 실패에 대응할 대책이나 다시 한번 도전할 의지도 없다. 적극적인 자세는 노력해야 할 방향을 제시할 뿐 아니라 그 방향으로 전진해가기 위한 힘을 보급하는 발전소다.

할 수 있을지 모르겠다가 아니라 하겠다, 할 수 있다고 대답하는 것이 적극적인 자세이다. 실패했을 때에는 물러나서 몇 번이고 다시 도전한다. 필요하다면 다른 길을 통해서 목표에 도달하려고 노력한다. 이 경우에 한 발짝 물러서는 것은 소극적인 태도가 아니라 실패가 제공하는 교훈을 검토하는 재평가의 기회다.

어디든 결점을 들추면 어김없이 드러난다. 그러나 결점에서는 아무것도 생기는 것이 없다. 보석공은 돌의 흠을 갈아 없애고 매끄럽게 절삭된 면이 눈부신 광채를 뿜는 다이아몬드로 다듬어낸다. 처음에는 흠투성이의 돌인데, 보석공은 그것을 빛나는 다이아몬드로 만드는 것이다. 적극적인 자세로 자기에게는 그 목표를 달성하는 능력이 있다고 믿고 있다. 그 목표와 자세, 자신감이 없으면 그의 앞에 있는 다이아몬드도 결끄러운 잡석에 불과할 뿐이다.

어느 인디언 조각가에게 "어떻게 그토록 인디언을 꼭 닮게 만들 수 있었습니까?"라고 묻자 "인디언답지 않은 데는 몽땅 잘라내는 겁니다."라고 대답했다. 이것도 보석공의 경우와 꼭 같은 내용을 나타내고 있다. 목표를 달성하려면 적극적인 자세와 신념이 필요하다.

나폴레온 힐과 W. 클리먼트 스톤은 베스트셀러《적극적인 마음가짐에 의한 성공》에서 두 가지 중요한 점을 지적했다.

- 교본에 따라 자기가 동기를 갖는다.
- 행복은 자기의 힘으로 끌어낼 수 있다.

내가 노스캐롤라이나의 카나폴리스에 살던 소년시절에 어떤 의원한테 이런 이야기를 들은 적이 있다.

"우리는 환경을 개선하여 보다 좋은 일을 이룩하려는 목적을 자신에게나 사람들에게도 갖게 하자. 그리고 보다 유능한 직원, 고용주, 배우자, 부모가 되는 기회가 주어졌으니 우리는 자세를 바꿈으로써 그것을 가능하게 할 수 있다."

02 | 미지로 나아가는 용기를 가져라

커다란 나무로 성장하게 되는 씨알은 재주나 영감이 아니라 용기이다

| L. 비트겐슈타인

　　탐험을 얘기할 때 얼른 떠오르는 인물이 콜럼버스다. 아무도 가본 적이 없는 대서양 끝을 향하여 배를 몬 그의 모험심에 추진력이 된 것은 남다른 용기와 거기에 무엇이 있는가를 알고 싶은 정열이었다. 그 결과 한 영웅이 태어난 것이다.

　　현대의 탐험이라면 상상을 초월한 속도로 미지의 공간에 도전하는 우주비행일 것이다. 여기에도 용기와 정열의 숨결이 담겨 있다. 이렇게 하여 현대에도 영웅이 태어나고 있다.

　　우리도 콜럼부스나 우주비행사와 다를 것은 없다. 갓 태어난 아기는 장래에 무엇이 있는지 알 까닭이 없다. 음식이나 옷을 주고 지켜주는 부모를 맹목적으로 신뢰할 수밖에 없다. 부

모는 성장함에 따라서 자기가 신념을 가지고 혼자 설 수 있게 이끌어준다. 그러나 우리는 매일 새로운 일, 속속들이 예상할 수 없는 미지의 일에 직면한다. 즉 우리는 시시각각으로 미지의 일과 만나고 있는 것이다. 해가 지면 밤이 되고 겨울이 오면 봄이 멀지 않다는 것도 알고 있다. 그러나 태양계의 외계에 대해서 확실하게 알고 있는 것이 별로 없다. 일기예보라는 것이 있어도 실제의 날씨가 어떻게 될지는 그날이 되어야 알 수 있고, 봄이 온다는 것은 알지라도 그 봄은 어떤 봄인지 그때가 되기까지는 모른다.

틀에 박히면 성장은 멈춘다

미지에 머물고 있는 것은 일종의 도전이다. 그러나 도전은 자기를 표현하거나 목표에 도달하거나 두뇌의 훈련을 하거나 재능을 발휘할 기회를 준다.

과거의 역사를 배우는 것은 즐거운 일이다. 만일 미래에 무엇이 일어날지 알 수 있다면 도전 같은 것은 거의 없어져버릴 것이다. 매일매일 빤히 짚을 수 있는 일과의 반복으로 성장을 한다거나 발전할 기회도 없고, 단조로움 속에서 답답함을 견디기 어려울 것이다. 문제를 해결하는 일도 없고 새로운 발명이나 새로운 생각, 표현법을 찾으려는 의욕도 시들 것이다.

미지에 대한 의욕의 근본은 변화이다. 전세계는 자연계와 인간사회를 포함하여 항상 쉴 사이 없는 상태에 있다. 인간의 생각도 시시각각 변하고 거기에서 생기는 문제도, 무엇이 중요한가도 언제나 변하고 있다. 변화야말로 모험정신의 근본이다. 인생에서 유구하고 확실한 것은 변화뿐이다. 우리는 변화에 기대하고 의지하여 그것을 지켜보며 살아간다.

가령 갓난아기가 언제까지나 갓난아기로 있다면 어떨까? 또는 수목이 변함없이 묘목인 채 아름다운 숲을 이루지 못한다면 어떨까? 우리가 직면하는 문제가 늘 같은 것이라면? 우리에게 힘겨운 일이 전혀 없다면 또 얼마나 심심할까? 그렇게 되면 모험정신이나, 남에게 힘이 되어주거나 자기 자신을 격려해서 향상시킬 기회도 없을 것이다.

변화가 없다면 목표는 무의미하고 노력은 헛수고로 끝나고 진보는 있을 수 없다. 앞서서 탐험을 하자. 탐험은 사업이나 직업에만 필요한 것이 아니라 개인적으로도 귀중한 것이다. 틀에 박힌 생활은 종말을 뜻한다. 틀에 박히면 행동이 필요 없어지고 성장의 기회도, 정열을 불태울 일도, 모험도, 남에게 힘이 되어줄 일도 없어진다. 인생을 의미 있게 살기 위해서는 행동이 불가결하다.

위험을 계산하고 전진한다

목표를 세운다는 것은 현시점에서는 존재하지 않는 대상

을 생각한다는 것이다. 목표에 도달하기 위해서는 그 목표에 도달하는 조건에 따라서 일정한 시간이 소요된다. 따라서 목표에 도달한다는 것은 현상태에서 목표로 하는 미래의 상태로 변화해가는 일이라고 할 수 있다. 미래는 미지의 것이므로 미지의 일이 기회나 도전이 된다.

모든 목표는 미지의 영역에서 일어나는 일에 도전할 수 있도록 자기 자신을 일정 수준 이상으로 끌어올리는 일이라고 할 수 있다. 불확실성이 따르는 인생에 직면하느냐? 아니면 하는 일 없이 현재의 연장선상에서 그대로 있느냐? 그것은 자기 자신의 선택에 달려 있다. 다행히 거의 대부분의 사람은 위험이 따르는 길을 선택한다. 그것은 자기에게는 인생의 변화에 순응할 만한 능력이 있고 목표에 도달할 수 있다고 믿기 때문이다.

여기서 말하는 위험은 주의를 하지 않고, 상식을 깨고 올바른 판단이나 도의를 벗어 던진다는 것이 아니다. 계획과 준비에 근거를 둔 계산된 위험을 말한다. 먼저 사실을 밝히고 신뢰할 만한 사람에게 충고나 조언을 얻어 위험을 최소한도로 줄이자. 계산된 위험이란 여기서 자기가 취해야 할 길을 충분히 검토한다는 뜻이다. 힘들여 얻은 재산을 아무런 조사도 하지 않고 투자한다는 것은 자기가 나서서 문제를 끌어들인 것과 다름없다. 위험을 최소한도로 억제하기 위하여 먼저 조사를 하는 것이 현명한 방법이다.

또 충분히 예측하고 분석한 위험에 대해서도 상당한 노력이 필요하다. 노력 없이는 수확도 없다. 노력이 무엇인가를 일으키고 매일의 문제나 더 큰 문제까지도 극복하는 근원이기 때문이다.

희망을 가지고 미래의 문을 두드린다

사람은 보다 나은 것을 바라며, 거의 모든 사람은 세상일이 잘 되어간다고 믿고 있다. 과거나 현재가 좋지 않았다 하더라도 미래는 좋게 될 것으로 믿고 있다. 인생에 깊은 실망을 느낀 사람도 미래에 대해서 낙관적인 희망을 가지고 있다. 그러나 일이 좋은 방향으로 전개되고 있다는 신념은 자기 자신을 관찰한 다음에 있어야 할 것이다. 인생의 개선을 위해 행동해야 할 사람은 바로 자기 자신이니까.

제2차 세계대전 직후 어두운 시대에 영국 왕 조지 6세가 국민에게 한 다음 말은 이것을 매우 잘 보여주고 있다.

"미지의 세계를, 어둠 속을 걸어라. 손은 하느님에게 맡기고. 그러는 것이 빛보다 확실하고 아는 길보다 안전하다."

03 사람을 움직이는 사랑의 힘

용서하는 일은 좋은 일이다. 그러나 잊는 일은 더욱 좋은 일이다

| 브라우닝

바울이 〈고린도 사람에게 보내는 첫 편지〉 제13장에서 한 사랑에 관한 말은 그 어떤 말보다도 더 위대하다. 이 장의 끝에는 다음과 같이 쓰여 있다.

"이처럼 언제까지나 남아 있는 것은 믿음과 소망과 사랑 세 가지이며, 그 중에서도 가장 큰 것은 사랑이니라."

이제 사랑의 힘에 대해서 말하겠다. 이 글을 읽으면 우리가 얼마나 사랑의 힘을 알지 못하며, 그것을 사용하지 않고 있는지를 뼈저리게 깨닫게 될 것이다.

컨트리 가수인 조니 캐시는 이 사랑의 힘을 알고 있었다. 그가 10년에 걸친 악몽 같은 마약 중독에서 벗어날 수 있었던 것은 이 사랑의 힘 덕택이었다고 털어놓았다.

캐시는 콘서트 여행의 피로와 고독을 달래기 위해 각성제를 복용하기 시작했다. 처음에는 가끔 사용했으나 곧 중독되고 말았다. 결혼생활에도 실패하자 콘서트를 마치면 술집에 파묻혀서 술과 마약에 젖은 나날이 많아졌다.

이런 캐시의 전략에 갑자기 제동을 건 것은 조지아 주 라파이에트에서의 하룻밤의 구치였다. 주 장관인 랠프 존스는 다음날 아침 캐시를 석방했으나, 그때 캐시에게 약을 돌려주면서 이렇게 말했다.

"나는 당신을 텔레비전에서도 보고 라디오에서도 들었지요. 당신이 부른 찬송가의 레코드도 가지고 있구요. 아내와 나는 당신의 최고의 팬이라고 자부하고 있습니다. 그러나 어젯밤에 당신이 여기에 끌려왔을 때 나는 가슴이 무너지는 것 같았어요. 여기를 나와 집으로 가서는 내가 이 손으로 조니 캐시를 구치소에 넣었다고 마누라에게 말하지 않을 수가 없었다오. 나는 여길 그만 두어야겠다고 여러 번 마음먹었지요. 이런 당신을 본다는 게 그렇게 가슴 아플 수가 없었소. 자, 약은 돌려줄 테니 나가시오. 당신의 인생 아니오? 마음 내키는 대로 살아요. 단 한 가지 명심할 것은 자기를 살리든가 죽이든가는 당신의 자유의지에 달렸다는 거요."

이 말이 가슴 깊이 박혀 캐시는 눈을 떴다. 1개월 동안 마약을 끊기 위해 싸웠다. 그것은 바로 극한의 고통이었다. 그러나 그에게는 마음의 기둥이 있었다. 그는 말했다.

"혼자서는 못합니다. 나에게는 친구나 가족이나 하느님이 필요하다는 것을 시인하고 어린아이처럼 겸손한 마음이 되었기 때문에 할 수 있었지요."

슬픔 속에서만 행복의 진가를 알 수 있다

지금까지 뜻을 뚜렷이 한정하지 않고 행복이라는 말을 종종 써왔다. 행복은 무엇이든지 마음먹은 대로 되는 상태, 아무 문제도 없는 상태라고 생각하는 사람도 많을 것이다. 그러나 그렇지 않다. 바울은 사랑이 있으면 문제될 것이 없다든가 자기와 의견이 다른 사람과의 대립도 생기지 않는다는 말을 한 것이 아니다. 사랑이 가장 소중하다고 말하고 있는 것이다. 사랑이 행복에 이르는 열쇠라는 생각을 받아들인다면 바울의 사랑의 서한을 보고 행복이 심리적 상태, 자기와 타인의 안녕에 깊이 관련된 심리적 상태라는 것을 생각하지 않을 수 없다. 물질적인 부유함보다 정신적이고 심리적인 만족에 핵심을 두고 있다.

그렇다고 이러한 만족감이 문제나 슬픔이나 고통을 없애주지는 않는다. 그러나 슬픔이나 고통을 견디는 정신적 강건함을 주고 문제를 도전으로 바꿔놓는다. 슬픔이나 고통은 화가의 캔버스를 연상하게 한다. 배경은 밝고 빛나기보다도 어둠의 색을 가득 채우는 편이 밝은 색을 돋보이게 한다. 게다가 어두운 배경이 그림을 손상케 하는 일 따위는 없다. 오히려 강건한 인상을 주는 일이 많다. 거기에 화가의 의도를 느끼고 감동을 느끼게 된다.

행복도 마찬가지다. 언제나 행복의 정상에 있는 사람은 '이것이야말로 행복의 극치다'라고 느끼지 못할 것이다. 그러나 별로 행복하지 못할 때 밝은 한 줄기 빛, 즉 붕괴된 곳에 새로운 생명을 불어넣는 일, 슬픔 속에 빛나는 한 줄기 희망의 빛, 버림받은 자들에게 뻗친 구원의 손길들로 인해 행복의 극치를 느낄 수 있고 사랑이 가져다주는 참된 행복을 느낄 수 있다.

자신을 소중히 여긴다

바울의 〈고린도 사람에게 보내는 첫 편지〉 1장을 읽어보게 되면, 동포를 사랑하기 위해서는 무엇보다 먼저 자신을 사랑해야 한다는 것을 알 수 있다. 자존심이 모든 것의 기본이 되고 있다. 만일 자신을 사랑하지 않는다면 목표도 없고 자신의 기준도 잃고 만다. 조지 버나드 쇼는 이렇게 말했다.

"재산을 만들지 못한 자는 그것을 소비할 권리가 없으나, 그 이상으로 행복을 만들어내지 못하는 사람이 행복을 맛볼 권리는 없다."

바꾸어 말하면 우리 모두 자기 자신이나 다른 사람을 위해 행복을 만들어낼 책임이 있다는 것이다. 행복을 가져올 수 없다면 그것을 향유할 수도 없다. 바울이 고린도 사람에게 보낸 편지에 따르면 사람은 행복하면 해결해야 할 여러 가지 문제를 파악하여 슬픔이나 고통을 벗어나서 동포에게 마음을 쏟을 수 있다. 그러므로 자신의 일을 일차적으로 생각하지 않을 수 없다. 자기를 사랑하지 않으면, 어떤 것도 사람에게 줄 수 없기 때문이다.

더 나아가 타인의 사랑을 바란다면 사랑할 만한 인간이 되어야 한다. 그러려면 하느님의 아들로서 신이 우리에게 보여주는 사랑에 부합하도록 자신에게 충분한 애정을 기울이지 않으면 안 된다.

자신을 사랑하는 일부터 시작하라고 바울도 이 점을 지적하고 있다.

"사랑은 관용하며 사랑은 깊은 정을 담고 있다. 그리고 시기도 하지 않는다. 사랑은 교만하지 아니하고, 자랑하지 않으며, 예의에 벗어나지 아니하며, 이익을 차지하지 아니하고, 마음이 평온하며, 원한을 품지 아니하며, 불의를 싫어하고 진리를 기뻐한다. 그리고 모든 것을 참고, 하는 일마다 믿으며, 모든 것을 바라며, 모든 것을 견딘다."

자존심은 이기주의와 혼돈하기 쉬우나 전혀 다른 것이다. 자기가 살아 있음은 하늘이 베푸심이라는 것을 알고, 따라서 하늘의 것을 귀히 생각하는 것만큼 자신을 소중히 여길 의무가 있다. 자기를 대하는 것이 그대로 신에 대한 사랑의 정도를 나타낸다. 자기를 귀하게 생각함으로써 사람들에 대한 사랑이 솟아난다.

사랑은 최대의 원동력이다

사랑과 동기를 창조한다는 것이 무슨 관계가 있는지를 묻는 사람이 있을지 모른다. 동기를 갖는다는 것은 목적하는 방향으로 자신의 행동을 이끄는 것이다. 자랑스런 행동, 진실과 사랑에 근원을 둔 행동으로 인도하는 일이다.

리더십에 필요한 것은 모범을 보이는 일이라고 흔히 말한다. 어떤 일을 해주기 바란다면 모범을 보이고 그렇게 하도록 이끌 필요가 있다. 말하자면 나눠준 것이 되돌아오는 것이다. 미워하면 미움으로 받는다. 관대하면 관대가, 사랑에는 사랑이 돌아온다.

자기 속에 가두어둔 사랑은 사랑이 아니다. 주지 않으면 힘의 근원이 될 수 없다. 바꾸어 말하면 사랑은 행동이다. 그리고 사랑은 동력이다. 사랑을 제약할 아무것도 없다. 연소가 불완전하면 엔진이 시동을 못하는 것과 같이 제약을 걸면 사랑도 꺼질 것이다. 처음에 사랑이 앞서야 한다. 그러면 행동이 뒤따를 것이다.

한 알의 옥수수를 심으면 성장해서 한 줄기에 두 자루의 옥수수가 열매 맺는다. 거기에는 각각 200알 정도의 열매가 열린다. 다시 이것을 다 심으면 400알의 옥수수가 자란다. 한 줄기에 두 자루의 열매가 맺힌다면 한 줄기에서 다시 400알을 얻게 된다. 한 알의 씨를 심고 2년째에는 모두 16만 알의 옥수수가 걷힌다는 계산이다. 이른바 기하학적 증가를 보인다.

이렇게 불어나는 것은 우리 주위에 얼마든지 있다. 인구증가도 그렇고, 체내에서 폭발적으로 증가하는 감기 바이러스도 마찬가지다. 바이러스는 눈 깜짝할 사이에 증식하여 그 균이 원인이 되어 사람들이 감기에 걸리는데 여기에 대항하도록 체내에 항체가 생겨 바이러스가 증가하는 것만큼 증가해간다. 이러한 작용에 있어서 우리가 간과하기 쉬운 것이 있다. 그것은 사랑이다.

사랑은 주면 줄수록 늘어간다. 사람에게 사랑을 주면 그것은 생각지도 못할 만큼 커져서 자기에게 돌아온다. 사랑을 가슴에 간직해두면 아무 쓸모가 없을 뿐 아니라 주지 않으면 사랑의 의미는 없다. 그러나 주기만 하면 크게 늘어나서 갖가지 형태로 돌아온다. 사랑은 인간에게 최대의 원동력이다.

사랑은 아낌없이, 끊임없이 주는 것이다

사람을 사랑한다는 것에는 위험이 따르지 않을까. 분명히 있을 수 있는 일이다. 무엇보다 오해를 받는다는 것이다. 궁핍한 사람에게 도움을 주면 무엇인가 자신을 위해서 이용하려는 불순한 동기가 있는 것이 아닐까 의심하는 경우가 있다. 그러나 이러한 위험은 있어도 사랑에는 이것을 지울 수 있는 힘이 있다.

태어나면서 육체가 부자유한 어느 젊은 여성은 극도로 사람들의 친절을 싫어했다. 그것을 연민의 정으로 받아들인 것이다. 그러나 그녀 자신은 사람들에게 무엇인가를 나눠줄 수 있을 만한 능력을 가진 여성이었다. 따라서 긴박한 사정에 놓인 사람들에게 베푸는 친절에 대해서는 아무런 모순도 느끼지 않았다. 어느 날 갑자기 그녀가 부상을 입는 사고가 일어나 친구나 근처의 사람들이 도움을 주려고 모여들었다. 그녀는 그 사람들의 사랑의 행위를 야무지게 거절했으나 그들은 이것은 평소에 그녀로부터 입은 혜택을 돌려주는 것뿐이라고 얘기했다. 그녀가 한 일을 본받은 것에 불과하다고 여러 번 설명했다. 이렇게 사랑은 사랑의 힘으로 사태를 해결하여 그녀의 불건전한 태도를 바로잡을 수 있었다.

그밖에도 여러 가지 위험이 따르겠지만 사랑을 끊임없이 준다면 반드시 참다운 사랑을 깨닫게 될 것이다. 그날그날에 따라서 사랑하거나 사랑하지 않거나 하는 것은 편리주의라는 비난을 면치 못한다. 그러나 변함없는 애정은 거기에 따르는 여러 가지 문제를 해소한다. 사랑을 표시한다는 것은 사랑을 주는 일이니까.

용서의 어려움과 위대함

사랑의 구체적인 표현 중에서도 가장 위대한 것은 용서인데, 용서는 매우 힘든 일이다. 누군가의 행위를 오해했을 때 그 감정은 뿌리 깊게 남을 수 있다. 그 행위에 대한 생각을 오래도록 계속해서 가질 때에는 특히 그러하다. 이런 감정에서 미움과 불신이 싹트기 마련이며, 그 행위를 한 본인에게 그만큼 빚을 갚겠다는 욕망을 갖는 것은 너무나 흔한 일이다. 그러나 이것은 두 사람에게 불신과 복수심을 키우기만 할 뿐이다. 불신과 증오는 보다 큰 불신과 증오를 가져온다.

용서를 바라는 측이나 용서를 하는 측 모두 용기가 필요하다. 자기의 관용에 대하여 솔직히 응해주지 않는 상대를 용서할 때는 더욱 용기가 있어야 한다. 그러나 용서는 사랑의 행위이며 용서 또한 사랑과 마찬가지로 시간이 걸려도 인간관계를 되살려준다. 용서할 때는 완전히 용서하지 않는다면 무의미하다. 90퍼센트는 용서하지만 완전하지 않는 경우가 많다. 이것도 전혀 용서하지 않는 것보다는 낫지만, 용서는 하되 두 번 다시 자기의 언동에 영향을 줄 만한 나쁜 사이는 되지 않겠다고 결심할 수 있을 때까지는 정말로 용서한 것이 아니다.

코리 텐 붐은 자신의 저서 《내 숨을 곳》에서 여동생을 나치의 가스실에 몰아넣은 사람과 몇 해가 지난 후 만났을 때의 일을 썼다. 그 사람을 용서한다는 것은 보통 일이 아니었다. 그러나 그녀는 용서했다. 그 결과 그 여성의 인생은 극적일 정도로 호전했다. 이것이야말로 참다운 용기가 아니고 무엇인가. 한 인간의 인생을 부활시킬 만큼의 큰 용서에는 사랑이 작용한다.

19세기의 시인 리처드 가렛은 이렇게 표현하고 있다.

"용서하는 것도 기쁘고 용서받는 것도 기쁘다. 그것은 마치 앞뒤가 맞는 저울대와 같다."

04 신념의 마력

> 성공으로 향하는 가장 중요한 첫 번째는
> 우리가 성공할 수 있다는 믿음이다 | 넬슨 보스웰

       나는 믿음은 힘을 솟구치게 한다고 확신한다. 그리고 사람을 움직이는 최초의 힘은 믿음이라고 확신한다. 따라서 이 힘을 빌린다면 어떤 문제도 해결할 수 있다고 믿는다. 신념이 우리를 위해 준비한 보수를 노력을 해서 다 살리지 않으면 안 된다.

신념은 최강의 무기다

  믿음은 만져볼 수 없다. 그러나 그 결과를 보거나 손에 넣을 수는 있다. 예를 들면 우리는 자동차를 신뢰하고 있다. 차는 자기가 가고 싶은 곳에 데려다줄 것으로 생각하고 있다. 손질하고 점검하여 혹사하지 않는다면 먼 길도 안전하게 타고 갈 수 있다. 그리고 우리는 휴식의 자리로서의 가정을 신뢰한다. 냉장고는 식품을 썩지 않게 한다고 믿는다. 우리는 이처럼 구체적인 것을 믿는다. 그런 것을 신뢰하고 그래야만 된다고 나는 생각한다. 그러나 더 중요한 것은 믿음을 잊어서는 안 된다는 것이다. 즉 신에의 신앙이나 사람이나 모국에 대한 신뢰가 필요하다. 신앙은 인생에 굳센 의미를 주고, 사람에 대한 신뢰는 강력한 인격을 부여하며 자신에 대한 신뢰는 세계에 대한 희망과 관심을 낳는다.

믿음은 어떤 경우에도 속에서 솟아나는 힘의 원천이다. 가난한 환경에 태어났다고 해서 가난한 인생을 보내야 하는 것은 아니다. 신념으로 인해 어떤 치료로도 낫지 않는 병을 고치기도 하고 마음의 깊은 상처가 아물기도 한다. 또 신념이 있으면 두려움은 사라진다. 두려움은 사실 대단한 영향을 주지만 신념은 더욱 대단하다. 그래서 신념은 반드시 두려움을 눌러 이긴다.

충성, 정직, 성실, 신뢰, 자신, 조건 없는 신앙, 이 모든 것은 믿음을 의미한다. 우리는 믿음을 통해 인생의 목적을 가져야 한다는 것, 인생은 깊은 뜻이 있다는 것, 우리의 모든 노력은 결실을 맺어야 한다는 것을 배워야 한다. 신념은 불안, 욕심, 시기, 미움, 복수심, 의혹, 두려움 등과 싸우는 가장 강력한 무기라고 할 수 있다.

상대방을 신뢰해야 신뢰를 얻을 수 있다

사람을 왜 신뢰하지 않으면 안 되는가. 사람은 서로 신뢰하지 않으면 살아갈 수 없다. 우리들은 그 신뢰를 사랑으로 표시한다. 상대방이 나에게 실망하고 있는 것과 같이 나도 상대방에게 실망을 느끼는 경우가 있다. 그러나 사람을 믿고 받아들이지 않으면 사람들이 자기를 받아들이지 않는다.

전쟁이나 범죄, 그밖에 추한 행위를 저지르지만 근본적으로 인간은 선한 존재다. 전쟁이나 범죄나 스캔들이 생기면 언제나 인간은 외면해버린다. 아무런 태도도 취하지 않는 채 무시해버린다. 그러나 무관심은 흉악한 범죄와 마찬가지로 중대한 죄가 된다. 인간의 선량함을 해치고 황폐하게 하는 원인이 된다.

자기가 다른 사람들을 신뢰하는 일이 없다면 사람에 대해서 부정적인 태도를 취하지 않을 수 없을 것이며, 부정적인 태도는 결코 좋은 결과를 가져오지 못한다.

사람과 접촉할 때 가장 강한 사랑의 행위는 용서이며, 용서를 가능하게 하는 것은 신뢰이다.

자신을 믿는다

자신을 믿고 있지 않으면 용기나 자신감도 생기지 않는다. 그리고 자기를 믿는 마음은 신망에서 생긴다. 우리는 흔히 모험하기가 싫어서 행동하지 않는 사람, 혹은 그렇게 못하는 사람을 보게 된다. 두려움이나 불안이나 자신감의 결핍으로 행동이 필요할 때 나서지 못하는 것이다. 이것은 매우 유감스러운 일이다.

자기의 문제를 스스로 해결하지 못하는 인간으로 사람들이 생각한다면 사태는 더욱 심각해진다. 필요할 때에는 인간의 능력이 미치지 못하는 큰 힘이 작용함을 깨닫고 그 힘이 옳다는 것을 믿는다면 불안감이나 연약함은 사라질 것이다. 이 일을 깨닫는다면 마음을 행동으로 옮기는 의지를 지닐 수 있게 될 것이다.

긍지를 갖는다

신문이나 텔레비전의 뉴스를 보고 들을 때마다 범죄의 빈번한 발생과 정치문제의 중대성에 암담한 생각이 들 때가 흔히 있다.

흐뭇한 미소를 자아내게 하는 이야기는 뉴스에는 거의 실리는 일이 없다. 그러나 우리들은 우리를 믿어야 한다. 그렇지 않다면 사는 가치가 없다.

인류가 눈부신 발전을 거듭한 이래, 어느 시대에도 문제는 있었다. 개척자들의 일기에는 기아나 질병에 관한 일, 옷이나 집도 없고 말할 상대도 없는 고독한 생활의 내용, 홍수나 폭

풍의 위험에 관해 적혀 있었다.

오늘날에는 그런 문제는 해결되거나 조절할 수 있게 되었다. 이것은 우리의 선조가 그러한 문제를 도전으로 받아들여 신념을 가지고 해결했기 때문이다. 오늘날에는 새로운 문제가 생기고 있다. 아직도 도전할 일이 남아 있다는 것은 고마운 일이다. 그리고 조상들처럼 해결방법을 찾고자 노력한다면 반드시 문제의 해답을 얻을 수 있을 것이다.

아르메니아인 조지 마디칸이 미국에 도착했을 때 돈도 없었고 영어도 하지 못했다. 그는 고용된 일꾼으로 여러 가게를 전전하던 끝에 미국에서도 손꼽는 레스토랑 경영자가 되었다. 그의 말은 신념이 어떤 힘을 지녔는지를 잘 보여주고 있다.

"그 7월의 아침, 이민선의 승강구에서 처음으로 자유의 여신을 봤을 때 갑자기 희망의 찬송가가 들려오는 것 같았다. 미국이 주는, 바꿀 수 없는 것, 그것은 돈이나 명성 같은 것은 아니다…… '미국인'이라는 자랑이라고나 할까. 젊은 미국 사람에게는 잘 될 기회가 있다…… 자신을 믿고, 나라를 믿고, 그리고 무엇보다도 전능하신 신을 믿는다는 것. 그리고 노력한다면 어떤 일이 있어도 그 진로를 막을 수 없다고 나는 생각한다."

마음속에 신념이 싹트면 적절한 자극을 주어 실행하지 않으면 안 된다. 거기에는 여러 가지 방법이 있으나 기본적으로 다음의 3가지가 있다.

목적을 갖는다.

목적을 향해서 노력해야 할 대상이 우리에게 없으면 안 된다. 목표나 대상을 결정해서 그 달성에 전력을 다할 필요가 있다.

기회를 보고 주저하지 않는다.

믿는다고 해도 어떤 위험은 따르게 마련인데, 믿지 않는다면 아무것도 이룰 수가 없다.

행동한다.

신념은 노력의 대용이 될 수 없다. 신념이 있다 하여 가만히 기다리고 있어도 되는 것은 아니다. 행동이 뒷받침이 되는 신념은 공포나 절망도 일소해버린다. 신념은 우연히 생기는 것도, 운에 따르는 것도 아니다. 성공도 마찬가지다. 성공은 신념과 노력의 결실이다.

되풀이하지만 신념만큼 강한 것도 없다. 모든 것이 여기서 생긴다. 인생의 목표는 신념이 없으면 실현되지 않는다.

self
remodeling
power

6장

초조감을 해소하는 법

01 불안과 두려움을 정복하라

> 원대한 생각을 가진 사람들은 긍정적이고 진보적이며 낙관적인 그림을
> 자신과 다른 사람의 마음속에서 그려내는 전문가이다 | 데이비드 슈워츠

정복해야 할 정신적인 적은 불안, 의혹, 공포다. 우리는 이것들과 매일 부딪쳐야 하는데 방치한다면 이것처럼 시간과 정력을 낭비하는 일도 없다. 그러나 적절한 동기를 가짐으로써 이들을 정복할 수 있다. 아니 실제로 정복하지 않으면 안 된다. 그렇지 않으면 목적에 도달하겠다는 소원도, 도달하기 위한 능력도 이 세 가지의 부정적인 감정에 의해 파괴되고 만다.

쓸데없는 근심 걱정은 잠재운다

살면서 근심이나 의심, 두려움을 경험하지 않은 사람은 없을 것이다. 자연스러운 감정이기 때문이다. 그러나 분명한 이

유도 없이 이러한 감정에 사로잡히거나 행동이 좌우되면 더는 자연적 감정이라고 할 수 없다.

앞일에 대해 끝없이 불안을 안고 있는 소극적인 사람이 많다. 한 가지의 걱정이나 의심이 풀리면 곧 다음의 걱정이 가로막는다.

이런 사람들은 걱정할 문제가 없어지면 오히려 불행하게 되지나 않을까 염려할 정도다.

근심형의 사람은 몹시 추운 날에 외출하면 감기라도 걸리지 않을까, 무더운 날에는 일사병으로 곤욕을 치르는 것이 아닐까 근심을 한다. 문이나 창에도 자물쇠를 걸지 않으면 누군가 침입할까 두려워하고 자물쇠를 걸어놓으면 화재시 피할 수 없지 않을까 무서워한다. 차의 스피드를 올리면 커브를 돌 수 없지나 않을까 겁을 먹고 천천히 달리면 뒤를 받히지나 않을까 두려워한다.

이런 사람들은 흔히 과거의 일을 가지고 애를 태운다. 시킨 일은 잘 했던가, 미처 못한 일로 꾸중을 듣거나 벌을 받지 않을까? 돌아서면 사람들이 뭐라고 자기의 욕을 하지나 않을까, 화를 낸 사람과 만나게 되지 않고 돌아설 수 없을까?

현재에 대한 고민도 있다. 일은 틀림없이 하고 있는가? 사람들이 고의로 자기를 피하고 있는 것이 아닐까? 목이 심상치 않은데 혹시 암이 아닐까?

그리고 미래에 대해서도 근심은 그칠 줄 모른다. 뿌린 씨는 제대로 자랄까? 발송한 소포는 늦지 않게 갈까? 물건을 꼭 사야 할 다음 주 목요일에 비가 오지는 않을까? 내달에는 비행기를 타야 하는데 사고가 안 날까? 그야말로 걱정도 팔자다.

이런 사람들은 언제나 불행하고 불안한 심정에 몰려, 좋은 결과가 생기는 것을 믿으려 하지 않는다. 가련한 인간이다. 이런 인물은 한 가지 일을 계속하는 것이 힘들고, 사람과 친숙해지는 것이 서툴 뿐 아니라 사람을 못 견디게 한다. 너무나 겁이 많아 자기의 능력이나 신의 가호도 믿지 못한다. 이러한 삶으로 인생은 얼마나 보잘것없는 것이 되어버릴까?

근심으로 생기는 것은 아무것도 없다

근심이 무엇인가를 해낼까? 유복하게 지내오던 농부의 이야기가 있다. 그가 안락하게 지낼 수 있었던 것은 첫째는 부지런히 일한 덕택이요, 둘째는 신앙심으로 그날그날을 있는 그대로 받아들여 결코 걱정하는 일이 없었기 때문이다. 그러나 그의 주위사람들은 모두 날씨가 어떻고, 세계정세가, 자신의 건강이 어떻다는 등 일이 있을 때마다 근심한다는 것을 알게 되었다.

그래서 이 농부는 생각했다. 근심을 안 하고 있으면 자기가 모르는 사이에 손해를 보고 있는지도 모르니 하루 종일 어디

근심이라도 해봐야겠다고. 그는 일찌감치 잠자리에 들어 근심할 일에 대비하여 휴식을 취했다. 다음날 아침, 근심을 하면서 하루를 지내려면 영양이 필요하다고 생각해서 조반을 충분히 들었다. 그러고 나서 그가 좋아하는 의자에 걸터앉아 드디어 근심하기 시작했다.

우선 '흉작이면 어떻게 하나?' 하고 생각했다. 파멸이다. 다음에는 '대풍작이면?' 하고 생각했다. 값이 떨어져서 농사는 망친다. 다음에는 건강문제에 대해 생각했다.

'병으로 일을 못하게 되면?' 역시 망한다. 다음에는 날씨 문제로 넘어갔다. '비가 안 오고 가문다면?' 추수할 것이 없어서 파멸이다. '비가 너무 많이 와서 장마가 든다면?' 홍수에 작물이 몽땅 떠밀려 농사를 망친다…… 근심하면 할수록 차례로 근심거리가 늘기만 한다.

다음날, 그는 이웃사람에게 이런 말을 했다.

"열두 시간을 꼬박 걱정을 해봤는데, 무엇 하나 좋은 일이라고는 없었다네."

그는 중대한 진리를 발견한 것이다. 근심하여 생기는 것은 아무것도 없다. 문제 하나 해결된 것이 없었고 앞으로 해결될 일도 없을 것이다.

동기를 가진 행동만이 해결의 길을 찾아내는 첩경이다.

생각에 따라 인생은 즐겁기도 불쾌하기도 하다

습관적으로 걱정을 하거나 가끔 이런 감정에 사로잡히거나 그 원인은 같다. 이것은 미지의 것에 대한 두려움과 두려움에 대한 대응 방법을 모르는 데서 생긴다. 사람들은 갑작스러운 사건에 미리 겁을 먹고 무서워한다. 무슨 일이 또 생기려나? 여기에 대해서는 어떻게 행동하면 좋을까? 잘 해결할 수 있을까? 만일 잘 안 되면? 이러한 근심은 두려움과 자신이 없음을 나타낸다.

그러나 이러한 감정은 극복할 수 있다. 그러려면 동기를 가지고 행동해야 한다.

먼저 근심을 분석해보자. 먼저 근거가 없는 근심과 어느 정도 실체에 근거를 둔 근심 두 가지로 나눌 수가 있다.

근거가 없는 근심에 대해서는, 그런 일은 근심해도 어떻게 할 수 없다는 것을 철저히 인식해야 한다. 다음 주 목표일의 날씨 같은 것은 아무리 근심을 해봐야 헛일이다. 그러니 그런 종류를 가지고 시간을 낭비하는 것은 어리석다. 싹이 날지 안 날지, 소포가 제대로 예정일에 닿을지 어떨지를 생각해봤자 소용없는 일이다. 물론 목요일에 비가 올 수 있다는 점은 감안해야 할 것이다. 우비나 우산의 준비가 필요할 것이다. 종자를 심었을 때 쌀이 나오도록 땅을 갈고 물도 주었다면 할 일은 다한 것이다. 소포도 충분히 시간적 여유를 갖고 주소와 성명을 정확히 적어 보냈다면 책임을 완수한 셈이다. 그 후에 생길 일에 대해서는 더는 컨트롤할 수가 없기에 근심은 시간 낭비일 뿐이다.

자기의 행위를 긍정적으로 생각하자. 만일에 해야 할 일을 하지 않았다면 이를 기회삼아 반성하도록 하자.

건강을 가지고 근심하는 사람은 많다. 심장병이나 암에 걸리지 않을까? 이것도 헛된 근심이다. 평소부터 건강에 주의하여 정기적으로 운동하고 건강진단을 받고 있다면 그 이상 손댈 일은 없다.

긍정적으로 생각하는 사람이라면 인생은 즐거워질 것이며, 좋은 인간관계도 가질 수 있다. 부정적으로 생각한다면 질병에 대한 저항력도 감퇴하며, 인생을 불쾌하게 생각하면서 아울러 주위사람까지 불쾌하게 한다.

어느 편을 택할 것인가? 행동하기에 따라서 근심에 짓눌리느냐, 아니면 보다 큰 문제에 도전하느냐가 결정된다.

과거의 실패를 전진의 발판으로 삼는다

분명히 근거가 있는 근심도 있다. 이것은 현실에서 일어날 수 있는 근심거리다. 이것도 두 가지로 나눌 수 있다. 하나는 과거에 속한 것이고, 다른 하나는 현재 및 미래에 관한 것이다.

과거에 관한 근심은 앞에서도 말한 것처럼 별로 세울 만한 대책이 없다. 이미 있었던 일이어서 시간을 들여서 그 근심을 지워 없애도록 하고 과오는 용서하도록 할 수밖에 없다.

과학교사로 유명한 폴 브란트와인 박사는 뉴욕의 조지 워싱턴 고등학교에서 근무할 때, 퍽 드라마틱한 실연(實演)을 해보이곤 했다. 학생들이 교실에 들어서면, 그는 우유병을 실험용 책상 위에 올려놓는다. 우유로 어떤 실험이 시작되는가를 지켜보는 학생 앞에서 그는 뜻밖에도 우유병을 하수구 앞에 던지면서 이렇게 외쳤다.

"엎질러진 우유를 보고 울어도 소용없다!"

그리고 학생들을 하수구 앞에 모아 놓고 다음과 같이 말했다.

"잘 봐라! 이 교훈을 평생을 두고 잊지 않기 바란다. 우유는 없어졌다. 흘러가버린 것을 잘 봤지? 온 세계의 사람들이 소란을 피워도, 머리카락을 쥐어뜯어도 한 방울도 돌아오지 않는다. 할 수 있는 일이라면 없던 일로 잊어버리고 다음 일로 전진할 수밖에 달리 방법이 없다."

잘못을 저질러 그것을 후회하는 일도 많다. 예를 들면 화가 치밀어 친구를 모욕했다고 하자. 이 경우에는 사죄하고 용서를 빌 수밖에 없다. 용서는 모든 것을 아물게 하는 힘이 있어, 사랑과 안도감으로 우정을 굳게 해줄 것이다.

현재와 미래의 불안은 적극적인 행동으로 전환한다

예를 들면 세일즈맨이 손님에게 회사가 책정한 금액보다 훨씬 싼 값으로 물건을 팔았을 때, 이것이 실수에서 빚어진 일이라면 이 세일즈맨은 상사에게 사과한 다음에 이것을 교훈 삼아 좀 더 조심스러워져야 한다. 실수를 자주 하면 직장을 잃을지 모르나 교훈으로 살린다면 오히려 좋은 일을 할 수 있을 것이다. 과거의 실수에 구애되는 것은 부정적인 생각이지만, 실수에서 무엇인가를 배워 같은 과오를 되풀이 안하는 것이 긍정적이며 적극적인 사고방식이다.

근심이나 의심, 두려움은 자기의 행동을 철저히 분석하지 않는 데서 일어나는 일이 많다. 어떤 어머니는 딸이 자주 스쿨버스를 놓쳐서 근심스러웠다. 교장이 부모들에게 학생이 학교에 열심히 다니지 않으면 진급할 수 없다고 경고했기 때문이다. 그러나 출석일수가 부족할까봐 항상 걱정만 했다. 딸을 보통 때보다 30분쯤 일찍 깨워서 버스에 꼭 탈 수 있도록 자신이 책임을 졌다면 좋았을 것이다.

근심의 원인을 해결하지 못하기 때문에 근심을 제 손으로 만드는 경우가 우리에게 얼마나 많은가? 해야 할 일을 다 해치우지 못하고 있다가 자기의 능력에 의심을 품는 경우가 또 얼마나 많은가? 그리고 사람들에게 자기의 마음이 어떻다는 것을 전하지도 않고, 사람들과 친해지려고 노력도 안하고 그 사람들의 선의를 의심하는 경우가 얼마나 많은가? 거듭 말하지만, 두려움이나 의심을 가지는 것은 결국 적극적인 행동이 부족하기 때문이다. 자기 자신을 만들어내는 것은 자기 자신뿐이다.

마당의 칡넝쿨이 걱정이 된다면 그것을 제거하기 위해서 무엇을 해야만 할까? 프레젠테이션을 해야 하는 일이 근심이 된다면 그 준비는 어떻게 하면 되는가? 살이 찐 것이 걱정이라면 식이요법은 완전한가, 충분한 운동을 하고 있는가? 어떤 경우라도 필요한 것은 자기 동기를 찾는 행동이다. 자기로서 할 일을 다하면 그것으로 족한 것이다. 근심이나 의심, 두려움은 뭔가를 해결하기 위해서 전력을 다하지 않는 사람들이 가지는 감정이다.

근심의 90퍼센트는 지나친 생각일 뿐이다

두려움은 무엇인가를 이루려는 힘을 빼앗고, 바라는 것을 얻으려 할 때 방해한다. 또한 기회를 잡으려 할 때 가로막는다. 육체적으로 약화시키고 수명을 줄이며 실제로 사람을 병들게도 한다. 말을 하려고 하면, 혀를 굳어버리게도 한다.

나는 행동하기를 겁내기 때문에 기회를 놓친 경우를 많이 봐왔다. 그러나 두려움을 정면으로 들여다볼 필요가 있다. 왜냐하면 어떤 일을 두려워한다는 것은 건강하고 자연스러운 감정이기 때문이다. 죽음을 두려워하는 까닭에 우리는 차를 조심스럽게 다룬다. 가족과 일, 미래를 염려하는 것은 당연한 일이다. 이러한 걱정이나 두려움은 건전한 것이며, 오히려 적극적으로 행동을 재촉하는 자극제라고 할 수 있다. 그러나 이러한 걱정도 자기가 조정을 못할 만큼 커지면 문제가 아닐 수 없다.

두려움을 극복하여 어디에 있어도 언제나 마음이 편안해질 수 있는 사람이 있다. 어떻게 하면 그렇게 될 수 있을까? 신념과 행동이 두려움을 지워준다. 자기를 믿고 문제를 해결할 수 있다고 믿는 것이다.

그러나 전문적인 카운슬러나 의사의 힘을 빌려야 할 사람도 있다. 만일 자기가 그렇게 되었다면 주저하지 말고 곧 전문가를 찾아 상의하도록 하자. 설사 문제가 있더라도 인생은 기막히게 좋을 수 있고 전문가는 누구나 그런 인생을 가질 수 있게 도움을 준다. 산다는 것은 행동하는 것이며 사랑하는 일이다. 참가할 수 없다면 불행 속에 갇혀 사람들로부터 외면을 당하게 된다. 그러나 전문가의 조력으로 해방되면 참가할 수 있게 된다.

근심에 관해 조사한 것을 살펴본 일이 있다. 우리가 근심하는 내용 중에 40퍼센트는 일어날 수 없는 일, 30퍼센트는 과거에 발생한 것으로 손을 쓸 수 없는 것, 12퍼센트는 타인에 관한 걱정으로 자기와 관계가 없는 것, 10퍼센트는 현재 또는 상상으로 그려본 질병에 관련된 것, 나머지 8퍼센트가 근심할 만한 가치가 있는 것이라 한다. 이 8퍼센트조차 나에게는 의문의 여지가 있다고 생각된다. 왜냐하면 나는 행복이나 목적의 달성에서 멀어지게 하는 근심이나 의심, 두려움은 신념과 행동으로 거의 없앨 수 있다는 것을 알기 때문이다.

02 긴장을 풀어주라

휴식이란 회복이지 아무것도 하지 않는 것이 아니다

| 다니엘 W. 조세린

과도한 긴장이 50세 이상 남성의 사망 원인의 25퍼센트 이상을 차지한다고 한다. 이것은 정말 놀라운 일이 아닌가? 여성은 어떠한지 알 수 없으나 이 숫자와 별로 큰 차는 없을 것이다. 외상도 아니고 질병도 아닌데 긴장 때문에 이렇게 많은 사람이 죽는다. 그들은 마음을 편히 가질 줄 모르고 자기의 에너지를 그릇된 방향으로 쏟고 자기 자신을 멸망으로 몰아넣는다.

긴장은 전염된다

긴장은 전염된다. 예를 들어 뉴욕 같은 대도시의 교외를 드라이브하는 경우, 시내로 접어들기 훨씬 전부터 긴장의 징조가 보이기 시작한다. 도심지로 이어지는 다리를 건너기 전부터 운전자는 남보다 빨리 고속도로로 들어가려고 경쟁한다. 대부분의 경우 이 근처에서는 운전 숙련도에 따라서 혼잡을 피할 수 있다. 또한 다른 운전자를 모두 적이라고 생각하지 않으면 손해를 본다.

운전자 중에는 진정한 친구도 있을 법한데 그걸 가릴 처지가 못 된다. 이런 운전자의 얼굴에는 미소는 고사하고 티끌만큼의 따스함도 없다. 냉혹하다고까지 할 수 있는 표정을 짓고 있다. 통행 요금을 지불할 때 원활하게 통과를 못했다든가, 앞차가 어물어물하고 있으면 울화가 치민다. 초조한 마음으로 경적을 울리면, 조급한 기분이 다른 차로 옮아가서 운전자들을 더 긴장하게 만든다. 도심에 가까워질수록 혼잡한 열기에 휩싸인다. 조금 전에 다른 운전자가 너무 거칠다고 여겼는데 어느 사이에 자기도 같은 짓을 하게 된다.

동부에서 서부로 오면 노여움이 도져서 다른 차가 오른쪽으로 꺾어 들어오는 것을 어떻게든지 못하게 방해를 한다. 이때쯤이면 노여움은 그대로 말이 되어 튀어나와 난폭하게 외쳐대고 사과할 마음은 벌써 사라져버린다. 택시가 한 대 끼어들면 모든 택시에 분풀이라도 할 것처럼 증오한다.

지하철이 들어오는 소리가 들리면 다른 사람과 똑같이 달려가서 사람들을 밀어제치고 꽉 차버린 차량 속에 몸을 던진다. 너무 혼잡해서 신문을 못 읽지만 그래도 오기로라도 읽는다. 사무실이 있는 빌딩의 엘리베이터가 또한 얄밉게도 만원이다. 사람을 봐도 인사말은 아예 나오지 않는다.

집을 나올 때는 이렇지 않았다. 교외의 농장이었다면 그야말로 아름다운 아침이었을 것이다. 여기는 아름답지 않다. 도회지가 싫어지는 사람도 있을 것이다. 그러나 여기에 직장이 있고, 할 일이나 만나야 할 사람이 있다. 자기를 만나는 것을 즐거움으로 삼는 사람이 있지 않은가? 아니면 그들도 군중의 한 사람에 지나지 않다는 것인가?

자신을 소중히 하지 않는 마음이 초조감을 부른다

초조, 욕구 불만, 신경질 등도 긴장과 같은 종류에 속한다. 그런데 긴장의 원인은 무엇일까? 주원인은 생활과 일의 균형이 깨지는 데 있다. 목표와 일에 우선권을 두어 자기 자신을 잃어버렸을 경우이다. 즉 자기 자신을 소중히 여기길 잊고 있었던 것이다. 관심의 표적이 무조건 일하는 것, 타인과의 경쟁, 기록을 세우는 일, 남보다 뛰어난 것, 성공에 맞춰져 있기 때문이다.

이러한 기준에 맞추려고 서둔 나머지 문제를 복잡하게 해버린 것이다. 매일의 작업량이 예상을 초과하기 때문에 편지를 받고도 답장을 쓸 시간조차 없는 상태다. 시간이 훨씬 더

들어야 할 일거리도 거절할 수 없다. 따라서 곧 해치워야 할 일도 실행할 시간이 없어지고 만다. 일은 사정없이 밀려만 든다. 시간과는 역방향으로 달리고 있는 듯이 보이고 벽을 타고 기어오르는 듯한 생각도 든다. 휴식이나 오락을 위한 시간 같은 것은 아예 없다. 직장의 동료들과도 차츰 멀어져 간다.

이러한 압박감이 쌓여서 신경질적이고 공격적이 되어간다. 가족에게서 불만이 나온다. 일각이라도 아끼는 마음에 음식을 씹지도 않고 삼키다가 위궤양에 걸려 결국 죽은 동료가 있었다는 것도 잊고 있다. 그야말로 악순환의 연속이다. 이렇게 되면 순서도 없고 건강진단을 받을 시간도 없다. 제정신을 잃고 오직 뛰어다니며 초조해질 뿐이다. 이런 상태가 과장이라고 생각될지 모르나 실제로 이같이 하고 있는 사람이 많다. 매일같이 일어나는 일이 긴장과 욕구 불만의 원인이 되고 있다. 사람에 따라서는 이런 상태에서 몸을 버리는 일이 있다. 또한 대인관계에 매우 좋지 않은 결과를 가져온다.

분노에 빠지기 전에 10을 헤아린다

모든 감정 중에서 가장 해로운 것은 분노다. 분노는 우정도 가족도 그리고 인격조차도 파괴한다. 작업이나 건강도 해친다. 더욱 나쁜 것은 분노는 자제심을 잃은 증거라는 것이다. 이성도 논리도 없어진 상태다. 홧김에 결정한 일은 절대로 해결될 수 없을 뿐만 아니라 항상 꺼림직하다.

아이젠하워 대통령이 최초의 심장발작을 일으켰을 때 주치의는 이렇게 말했다고 한다.

"절대로 화를 내서는 안 됩니다. 목숨을 부지할 수가 없으니까요."

"분노에 빠지기 전에 10을 헤아려라."라는 말은 예부터 내려온 명언이다. 분노는 파멸의 근원이며 부정적인 생각에서 나온다.

나는 노여움이 자연스러운 감정이라는 것을 부정하지 않는다. 굶주림도 그렇지만, 공복을 그대로 참는다고 해서 배가 채워지는 것은 아니다. 공복을 채우지 않으면 굶주림을 극복할 수 없다. 마찬가지로 분노의 감정이 솟으면 그것을 억제하기 위해서 적극적으로 손을 써야 한다.

치미는 분노 때문에 사람은 완력으로 상대방을 이기려고 하거나 호각지세로 맞서려고 한다. 그러나 아무도 호각일 수는 없다. 분노는 분노를 부르는데, 상대가 분노를 터뜨릴 때 자기의 마음을 눌러서 진정시키면 억제하는 편의 승리다. 화를 내는 것은 바보짓을 혼자 하는 셈이다.

마음의 평안을 가져오는 음악 · 자연 · 스포츠

긴장을 푸는 것은 불가능하지 않다. 오히려 간단하다고 할 수 있다. 여기서 힘이 되는 몇 가지 방법을 들어보자.

우선 왜 긴장하는가를 알아야 한다. 그것을 알게 되면 반은 해결된 것이나 다름없다.

마음을 가라앉히고 자기의 행동을 분석해본다. 마음을 가라앉힌다는 것이 중요하다. 왜냐하면 초조해지는 원인의 일부는 급히 서두르는 데서 생기기 때문이다. 성급히 서둘지 말고 자기가 하는 일을 철저히 분석한다. 그것을 전부 리스트로 만들어 시간적인 계획을 세워본다. 현재 하고 있는 일부가 좋은 결과를 가져오지 못하면 계획에서 빼버려야 한다. 몇 가지 함께 모아서 실행할 수도 있다. 몇 가지는 새롭게 별도의 행동으로 바꾸는 편이 좋을지도 모른다.

무엇을 하든, 여기서 중요한 것은 마음을 가라앉히는 일이다. 성서에도 있는 것처럼, 힘은 '평안과 자신감' 속에 있다. 어떻게 하면 마음의 평안과 자신을 가질 수 있을까? 우선 그것을 원해야 한다. 자기 자신을 동기의 계기로 삼는 것이 중요하다.

마음을 가라앉히고 자신과 활력을 얻는 방법은 여러 가지가 있다. 그 몇 가지를 생각해보자.

쉽게 생각나는 것은 음악이다. 피아노 앞에 자리 잡고 조용한 곡을 치는 동안에 긴장감이 풀리는 것을 알 수 있다. 단지 건반을 두드리기만 해도 기분이 시원해진다. 악기를 못 다루는 사람은 음악을 듣기만 해도 된다.

자연의 힘도 많이 이용되어왔다. 해가 뜰 때와 질 때의 광경, 고요한 구름의 흐름, 새들의 노래, 꽃의 신비한 색상과 그윽한 향기, 미묘하게 차이를 보이는 나무와 풀의 초록빛, 이러한 자연의 모든 것이 피곤한 사람들의 거친 마음을 얼마나 많이 위로해주는가?

어린아이들에게 깊은 정을 품은 사람들에게는 아이들이 하는 동작을 통해서 같은 효과를 얻는다.

또한 긴장을 풀어주는 것으로 조깅, 수영, 사이클링 등의 스포츠를 들 수 있다. 마음에 여유를 안겨주는 것으로 갖가지 취미, 애완동물, 여행 등을 들 수 있다.

명상으로 자신의 행동을 관찰·반성한다

명상은 스트레스 해소에 놀랄 만한 효과가 있다. 매일 간단한 명상을 실행하는 사람은 많다. 이것은 예부터 동양에서 행하던 방법으로 최근에 서양에서도 그 효력을 인정하기 시작했다.

이와 같이 혼자만의 조용한 시간은 자신의 행동을 관찰할 기회까지 베푼다. 일이나 다른 활동을 순서를 세워서 실천하고 있는가? 질서정연하게 일을 처리하고 있는가, 또는 당연히 처리했어야 할 일이나 문제를 늦추지는 않았는가? 명상이나 조용히 반성할 시간을 가짐으로써 자기를 객관적으로 관찰하고 무의식중에 초래했을지도 모르는 혼란을 정리할 수도 있다. 즉 보다 나은 해결책을 얻을 수도 있다. 따라서 묵상이나 심신을 휴식하는 일은 매달 한 번만 하면 되는 일이 아니라, 매일 꼭 실행하지 않으면 안 된다.

03 실패는 성장의 기회임을 명심하라

위대함과 평범함의 차이는 우리가 실패를 어떻게 바라보느냐에 있다

| 넬슨 보스웰

미국 프로축구의 전설적인 코치 빈스 롬바르디는 이렇게 말했다.

"문제는 녹다운을 당하느냐 아니냐에 달린 것이 아니다. 거기서 다시 한번 일어서느냐 마느냐에 달렸다."

지금까지 실패한 적이 있는가?

실패의 경험이 없는 사람은 아마 존재하지 않을 것이다. 그러나 롬바르디가 말한 것처럼 실패는 자신이 더는 안 되겠다고 생각했을 때에 비로소 실패한 것이 된다.

실패에 관해서는 몇 가지 모순된 의견이 있다. 하나는 성공한 일은 빨리 잊고, 실패는 잊지 말라는 것이다. 또 하나는 실패는 잊어버리고 성공만을 마음에 간직해야 한다는 것이다.

처음의 의견은 인간적인 경향을 드러낸 것이고, 다음 의견은 그렇게 해야 한다는 단순한 의견이 아닐까? 우리는 흔히 과거의 실패에 얽매여 무엇이 잘못이었는가를 반성하면서 몇 번이나 되풀이해서 그 실패를 반추한다. 그러나 자신이 이루어 놓은 일을 자랑스러워해야 한다. 성공을 마음에 새겨 그 위에 다시 성공을 쌓아 올라가야 한다.

세계 최대의 네트워크 마케팅 기업인 암웨이의 공동설립자인 리치 디보스와 제이 밴 앤델은 실패에 대해서 퍽 현명한 견해를 가지고 있다. 앤델은 실패를 '멋있는 말'이라고 했으며, 디보스도 '최고의 말 중에 하나'라고 동의했다. 앤델은 이렇게 말했다.

"실패는 말하자면 다리다. 다리 한복판에서 밑으로 떨어지는 사람도 있으나 그 다리 건너편에는 새로운 세계가 열려 있다는 것을 알고 있는 사람도 있다. 단지 끊임없이 계속 걸으면 된다. 그리고 훗날에 다리를 만나도 두려워하지 말아야 한다. 다리는 반드시 어딘가에 데려다준다. 중요한 일은 걸음을 멈추지 말라는 것과 자기가 어디로 가고 싶어하는지를 알아야 한다는 것이다."

디보스와 앤델은 확신을 가지고 그렇게 단언했다. 왜냐하면 두 사람은 함께 여러 다리를 넘어왔기 때문이다. 그들은 그렇게 하여 성공한 증언자들이다.

실패야말로 산 교훈이다

성공만을 마음에 간직한다고 해도, 과거의 실패를 무시해서는 안 된다. 실패에서 배워야 할 것이 많기 때문이다. 어떻게 그리고 왜 실패했는가? 무엇이 잘못되었는가? 다음에는 어떻게 하면 잘 될 것인가를 조사한다.

실패에서 모든 교훈을 끌어낸 다음에는 비로소 실패를 잊어야 한다. 그린 베이 패커스 팀의 바드 스타와 빈스 롬바르디에 얽힌 이야기는 이것을 잘 보여주고 있다.

미식축구 시합이 마무리가 될 무렵 패커스는 이기고 있었다. 스타가 패스를 하려고 뒤로 물러서려는데 상대방의 맹공격을 받았다. 당황해서 던진 볼이 가로채이고, 시합은 역전되었다. 패커스는 시합에 지고 말았다. 시합이 끝난 후 롬바르디는 팀 전원 앞에서 스타를 심하게 꾸짖었다. 팀 중의 누구보다 비참한 심정이 된 것은 스타 자신이었다. 인터셉트 당하지 않고 공을 결사적으로 힘이 닿는 데까지 붙들고 늘어졌다면 이겼을 것이라는 점을 그는 알고 있었다. 그러나 얼마 뒤에 롬바르디는 스타에게 와서 이렇게 말했다.

"자기의 잘못을 깨달았으면 이젠 깨끗이 잊어버려."

실패는 롬바르디의 말처럼 처리해야 한다. 마음은 침울하고 그렇게 안하는 건데 하는 생각이 자꾸만 든다. 그러나 이미 저지른 일은 되돌릴 수 없다. 그러나 실패를 대하는 태도는 바꿀 수가 있다. 스타처럼 실패에서 배운 다음에는 잊어버리면 된다.

실패를 플러스로 바꾸는 4가지 자세

실패에 대해서 명심해야 할 4가지를 들겠다.

1) 실패는 패배가 아니다.

실패는 인간됨의 증거와 같다. 동시에 무엇인가를 해봤다는 표시이기도 하다. 무엇인가를 성취하겠다든가 무언가 되어보겠다고 하는 것은 언제나 실패할 위험성이 따른다. 실패는 절대로 피하겠다는 것은 아무 일에도 착수하지 않는다는 것을 의미한다.

2) 교훈을 얻은 다음에는 실패를 잊어야 한다.

앞에서 말한 바와 같이 이것은 중대한 일이다. 실패를 두고두고 고민한다면 다른 일이 눈에 띄지 않는다. 사람인 이상 무엇인가 좋은 점을 지니고 있을 것이다. 거기에 전력을 쏟자. 실패에서 배울 것을 얻은 다음에는 잊어버리고 좋은 면에 눈을 돌리자.

완전한 사람은 없다고 흔히 말한다. 옳은 말이다. 실패가 명예롭지 못한 일은 아니다. 만일 명예롭지 못하다면 우리는 모조리 부끄러워해야 할 인간이다. 실패는 우리 모두에게 공통적인 것이기 때문이다.

3) 계속 노력하는 동안에는 패배는 없다.

전력을 다하고 있으면 실패는 수치가 아니다. 목적도 없고 모험도 안 하고 사는 것이야말로 부끄러운 일이다. 목적이 없으면 노력할 기대도 없고 현재의 자기보다도 잘 되도록 성장을 강요하는 것도 없다. 아무것도 하지 않고 잘 되기보다는 큰 목적을 가지고 도전해서 실패하는 편이 낫다.

4) 실패는 자신이 인정하지 않으면 결정적인 것이 아니다.

과거에 실패했다든가 현재에 실패했다고 해서 앞으로도 계속 실패할 거라고 생각하는 것은 잘못이다. 나는 한때 몇 번이나 사업에 실패하여 마침내 파산의 문턱까지 몰렸을 때, 여러 전문가로부터 모든 것을 단념하고 파산 선고를 하는 편이 낫겠다는 권유를 받기도 했다.

그러나 나는 그렇게 할 수 없었다. 그때 나의 성공을 위해서 힘이 되어준 사람들이 많았다. 신도 도와주리라 믿었다. 그러나 최종적으로 어느 쪽을 택하느냐는 내게 달려 있었다. 무난한 길을 택하느냐, 재기해서 더 싸우느냐? 냉엄한 판단의 기로에 있었다.

단념하고 노력하는 것을 중지하지 않는 한 패배자는 되지 않는다. 우리는 실패를 통해서 배운다. 에디슨은 전구를 만드는 데에 6천 번의 실패를 반복했다고 한다. "실망하셨죠?" 하는 물음에 그는 이렇게 대답했다.

"아니오. 그 6천 번의 방법으로는 안 된다는 것을 알았을 뿐이에요."

에디슨처럼 실패에서 배우는 것이 필요하다.

인생 최대의 실패는 노력을 그만두는 일이다.

잃은 것 대신에 반드시 얻는 것이 있다

우리는 어떤 경우이든 자기의 능력을 믿고 목적을 향하여 계속 전진하지 않으면 안 된다.

낙하산 부대의 이등상사였던 헤럴드 러셀은 사고로 두 손을 잃고 좌절감과 패배감에 휩싸였다. 양손이 없는 인생이 무서웠던 것이다. 살든 죽든 상관하지 않는 날이 계속되었다. 그러던 어느 날, 역시 두 손을 잃은 병사가 병원에서 러셀을 방문해서 최초로 극복할 장해는 자기 자신이라고 말하며 에머슨의 다음 말을 인용했다.

"어찌 되었건, 잃은 것이 있다면 대신 반드시 얻는 것이 있으리라."

그 후 그는 베스트셀러를 저술하고 오랜 동안의 연인이었던 여성과 결혼하여 세상의 많은 남성이 꿈꾸는 성공을 이룩했다. 손을 잃은 것이 계기가 되었던 것이다.

남의 저울로 자기를 달아서는 안 된다

조지프 소렌티노는 브루클린 빈민가의 무법자들 사이에서 태어나 자랐다. 고교를 중퇴한 다음, 그는 헤아릴 수 없을 만큼 자주 갱들의 싸움에 참가했다. 해병대에서는 행실이 나빴고 그것 때문에 제대했다. 이것이 20세까지의 일이다.

해병대를 나온 후 그는 거리로 되돌아가 콘돌단(團)의 일원이 되었다. 그는 자기보다 나이가 많은 어떤 남자를 숭배하고 있었다. 소렌티노는 이렇게 회상했다.

"나는 그 사람처럼 되고 싶었다. 그는 억세고, 힘들이지 않고 돈 버는 방법을 많이 알고 있었다. 그러나 어느 날 밤 다른 패들과 싸움이 붙었을 때 나의 영웅은 눈앞에서 머리가 뚫려버렸다. 나는 경찰에 가서 시체를 확인해야 했다. 그때 갑자기 내 인생에 변화가 생긴 것이다. 그때까지 콘돌단의 단원을 만화잡지의 주인공처럼 생각하고 있었다. 특히 그룹끼리의 싸움이 신문에서 화젯거리가 될 때에는 슈퍼맨이나 된 것처럼 기분이 썩 좋았다. 그러나 내가 숭배하던 남자의 시체를 봤을 때 그 누구도 만화의 주인공일 수 없다는 것을 깨달았다. 우리 모두 현실의 인간이다. 그리고 그 동료는 이미 이 세상 사람이 아니었다."

소렌티노는 그때 비로소 깨달았다고 한다.

"지금처럼 군다면 나도 머지않아 그 동료처럼 노상에서 쓰러지게 될 것이다. 그렇게는 될 수 없다고 결심했다."

그러나 소렌티노의 길은 험난했다. 우선 고등학교 때의 로손 선생님이 열심히 공부하면 좋은 학생이 될 수 있다고 한 말을 회상하면서 학교에 복귀하기로 결심했다. 도중에서 그만둔 고교 3학년을 야학으로 다니기로 했다. 그동안 닭털을 뜯으면서 생계를 유지했다.

고교를 졸업하자 소렌티노는 지금까지의 환경에서 되도록 멀리 떨어지기로 마음먹고 캘리포니아 대학에 적을 두었다. 일 년 동안 악착같이 공부하고 2학년부터는 장학금을 받을 수 있었다. 공부에 바빠서 아무것도 할 사이가 없었으나 서서히 그의 다른 재능이 눈뜨기 시작했다. 역도 콘테스트에서 우승하고 레슬링에서는 챔피언, 그리고 미식축구 선수가 되었다. 2학년 때에 그는 학생 육체미 넘버원으로 선발되었고, 학업에서는 2등의 성적으로 졸업했다.

4년간 열심히 공부한 덕택에 많은 회사로부터 좋은 조건으로 취직할 것을 권유받았으나 그는 단호히 거절했다.

"나는 해병대로 돌아갔다. 새로이 시작하여 옛 잘못을 바로잡고 싶었다. 언제나 나쁜 기록을 남겼다고 느껴왔으므로 새로운 경력으로 바꿔놓고 싶었다. 거기서 1년간 실지복무를 하고 2년간을 더 비현역으로 일한 끝에 명예제대를 했다."

자신의 환경에서 어떻게든지 빠져나가려는 소렌티노의 노력의 다음 단계는 하버드의 법과 입학이었다.

"데이트하려던 레드클리프 여자대학의 여자애들은 내가 법과 학생이라는 것을 믿으려고 하지 않았다. 내가 아직 상스러운 말투나 태도에서 벗어나지 못한 까닭이었다. 그녀들은 나를 하버드의 관리인의 한 사람쯤으로 여겨왔다. 나는 말을 배우기에 힘써(캘리포니아 대학에서 이미 스피치를 전공하여 화법의 공부에 착수하고 있었다) 3년 후에는 학교 구내 변론대회에서 우승을 했다. 그리고 믿기 어려운 일이지만 졸업식에서는 총대표로 뽑혀서 답사를 맡았다."

그의 졸업 연설은 〈타임〉지에 한 페이지 가득 실렸다. 그 연설은 다음과 같았다.

"인간에게는 적성검사로 측정할 수 없는 특성이 갖춰져 있습니다. 예를 들면 용기, 결단력, 정기, 독창성 등이 바로 그것입니다. 설사 사회의 저울에 의해 부정적으로 취급되어도 낙담해서는 안 됩니다. 사람들의 인색한 평가로도 거대한 희망의 불꽃을 끌 수는 없습니다. 어떤 일의 결과 때문에 무참히 꿈이 깨지는 일이 있습니다. 그렇다고 거기에 순종하지 않으면 안 된다는 법은 없습니다. 나의 경우도 비슷했습니다. 그러나 나는 절대로 그렇게 되지 않겠다고 결심을 했습니다. 인생의 종말이 어떻게 될까? 노상에서 죽은 다음 시체 안치소에 누워야 하는 죽음도 있는 것을 나는 알기 때문입니다."

브루클린 빈민가의 불량자 소렌티노는 현재 로스앤젤레스 지구 소년재판소의 판사로 있다.

연구와 노력이 가져온 인생

단념할 줄 모르고 끝까지 싸운 또 한 사람의 인물을 소개한다. 이름은 앤 바슨. 오리건 주의 작은 거리에서 남편과 함께 경영하던 식료품 가게가 실패한 것이 일의 시발점이었다. 수입을 보충하기 위해 남편은 목재회사를 시작했으나 사고로 등뼈를 다쳐 사업을 망쳤다.

두 사람은 비타민제를 방문판매를 해서 생계를 유지할 수밖에 없었다. 투자했던 비행기 판매회사는 수익을 조금도 올려주지 않았다. 앤은 액자나 판화의 판매와 양재를 시작했다.

남편의 사고가 있은 지 5년이 되던 해에 이번에는 그녀가 자동차 사고로 2년간을 걸을 수 없게 되었다. 사고로 인해 앤은 자기가 좋아하던 양재에 전념키로 했다. 양재교실을 열고 경험을 살려 양재의 기본 테크닉과 기성의 종이 틀을 오려내서 사용하는 패턴 슈잉을 개발했다. 낮에는 이 방식의 보급에 힘쓰고 밤에는 종이 틀의 연구에 몰두했다.

그리고 1967년 양재교실과 동시에 재료를 파는 직물센터가 오리건 주의 반즈에 설립되었다. 지금은 미국과 캐나다에 210군데의 계약점과 지점이 있다.

실패나 비참한 타격을 입어도 앤은 전진을 멈추지 않았다. 연구와 인내력으로 성공을 잡은 것이다.

피와 땀이 신뢰를 얻게 해준다

매일같이 고민하면서 무거운 마음을 지탱하기 힘이 들 때 갖은 장해를 극복하고 성공한 사람들을 상기해보자.

암을 극복하여 기적적인 복귀를 이룩한 골퍼 진 리터. 소년 시절 극단적으로 내성적이던 성격을 극복하여 세계적으로 명성을 떨치고 존경을 받는 종교가가 되었던 노먼 빈센트 필. 삼중고를 이겨내고 사회운동에 평생을 바친 헬렌 켈러도 있다.

이들은 유명한 예가 되지만, 실패나 불안을 극복하여 사람들을 감동시킨 성공자는 그밖에도 얼마든지 있다. 우리는 자칫하면 신변 가까이의 사람을 못 보는 일이 많다. 의사가 된 이웃사람이 학비를 마련하지 못하여 일을 하면서 사람들의 갑절이나 걸려서 졸업했다는 사실을 알게 되기까지 아무런 주의도 기울이지 않는 경우가 많다. 젊어서 혼자가 되어 네 아이를 돌본 편모의 고생도 아이들이 자라서 지도적인 인물이 되어야 비로소 기억하게 된다. 손 하나 없이 태어난 소녀의 고통도 입으로 붓을 물어 유명한 화가가 되기까지는 이목을 끄는 일이 없다. 우리들 주위에는 역경을 바로 보고 결코 여기에 굴하지 않은 무명의 사람들이 많이 있다.

루즈벨트의 말은 그런 의미에서 시대를 초월하여 지금도 살아 있다.

"사람들이 신뢰하는 것은, 건강한 남자가 왜 쓰러졌는가, 어떤 행위는 더 잘 할 수 있지 않느냐고 지적하는 비평가가 아니다. 실제로 싸움에 임하여 피와 땀으로 뒤범벅이 된 사람들이다. 굳세게 싸우는 사람들은 몇 번이고 실패하는 사람들, 웅대한 정열과 헌신의 정신을 가진 사람들, 가치 있는 일을 위하여 자신을 바칠 수 있는 사람들, 위대한 사업을 성취한 승리감을 안고 있는 사람들, 실패는 했으나 중대한 문제에 도전한 사람들이다. 설사 실패를 했더라도 그들은 겁이 많아 승리도 패배도 모르는 사람들과는 선을 그어놓고 있다."

04 용기 있게 인생에 도전하라

> 예전에 한 번도 시도해보지 않았던 일이
> 전혀 성사되지 않을 거라는 생각은 중단되어야 한다 | 도널드 넬슨

풍요한 인생은 말하자면 고통스런 투쟁의 결과다. 인생이라는 이름의 고투를 사양하지 않는 사람이 있다면 그는 승리로 향하고 있는 것이다.

흔히 있는 일이지만 과오와 실패를 동일시하는 것은 잘못이다. 그리고 과오를 피하려는 노력을 실패로 간주하는 일도 많다. 과오나 고투도 가치 있는 체험이다. 우리는 과오나 고투에서 지극히 많은 것을 배우기 때문이다.

새둥지를 찾아 알이 껍질을 깔 때까지 한번 지켜보자. 얼마 있으면 새끼는 날개를 저어 둥지에서 떠나버린다. 어미 새는 새끼의 날개가 충분히 자라서 날 수 있음을 알고 그냥 내버려둔다. 그러나 그 중에는 겁쟁이 새끼가 있어 안전한 둥지에서

나오려고 하지 않는다. 전혀 날 생각조차 안하는 새끼도 있다. 어미 새는 새끼를 설득하다 지쳐서 둥지에서 밀어낸다. 날려고 들면 얼마든지 날 수 있다는 것을 알기 때문이다.

그런데 하루 이틀 지나 둥지 밑에 가보면 한 마리나 두 마리의 새끼가 죽어 있을 때가 있다. 기를 쓰고 날갯짓을 안하고 땅에 떨어진 새끼들, 겁이 나서 날개를 젓지 못하거나 날려고도 하지 않던 새끼들이다. 싸워보겠다는 생각이 없었다는 것은 그 새끼들의 잘못이다. 그 때문에 죽었던 것이다. 그러나 고생스럽게 싸운 새끼들은 살아서 하늘 높이 날아다니고 있다.

거친 땅에 자라는 수목을 살펴보자. 식물의 생육에 필요한 수분도 넉넉지 않은 바위투성이의 산허리에 보기에도 그럴듯한 나무가 자라고 있는 경우가 적지 않다. 자세히 보면 두 종류의 나무가 있는 것을 알 수 있다. 필사적으로 뿌리를 땅속으로 뻗어 바위 사이를 뚫고 지하에서 수분과 양분을 빨아올리는 나무와, 힘든 싸움을 그만두고 말라 죽은 나무가 그것이다.

자연계에서는 이런 일이 되풀이되어 내려오고 있다. 공통된 조상으로부터 '악투를 하면서 성공하는 자손'과 '노력 부족으로 죽어가는 자손'으로 나눠진다. 우리는 여기에서 교훈을 이끌어내야 하지 않을까? 그야말로 고투, 끊임없는 악투의 연속이지만 고군분투가 없는 인생은 가치가 없다. 거기에는 오직 죽음만 있을 뿐이다.

고전·변화·성장은 동의어다

고전이 없는 인생이란 없으며, 고전이 있는 한 거기에는 반드시 변화가 있다. 고전은 정지하고 있는 것이 아니라 항상 변화의 방향으로 움직이고 있다는 증거다. 그 반대 방향에 있는 것은 죽음이다.

태어난 이후 우리는 무엇인가를 하기 위해 항상 고전하고 그 결과 변화한다. 변화는 곧 성장이다. 자기의 일만을 생각하면 되던 유년기, 학교에 다니고 선배들로부터 여러 가지를 흡수하는 청년기, 자기와 가족을 위해서 생계를 유지해야 하는 장년기, 그러다 차츰 활동이 완만해지면서 곧 더 이상 변화할 수 없게 되는 노년기.

탄생에서 죽음에 이르기까지 인간의 일생은 싸움이며 학습 과정이다. 그 과정에서 우리는 물질적·정신적으로 선구자들의 발견이나 연구한 업적의 혜택을 입고 있다. 그리고 우리는 살아 있는 동안에 우리를 이을 후속세대에게 남길 만한 일을 이룩하려고 노력한다. 이것이 변화이며 성장이며 고전이다.

성장과 변화는 새로운 기회를 낳는다. 성장해서 신발이 작아지면 새로운 것으로 바꾸지 않으면 안 된다. 옷이 작아지면 새로운 것을 준비해야 한다. 마찬가지로 어떤 생각에서 얻을 것이 없어지면 성장과 변화가 새로운 생각을 찾는 힘이 되어 줄 것이다.

고전으로 자기에게 있을 것 같지 않던 새로운 힘이 발휘된다. 싸우지 않으면 결코 발휘되는 일이 없는 힘이 말이다.

틀리는 것도 유익한 일이다

답안지만을 살펴보면 그 학생이 어떤 문제를 이해하지 못하는지를 판별할 수 없다. 시험문제에 대해서 이해하고 있으며 해답을 알고 있다는 것만을 알 수 있을 뿐이다. 그러나 모든 일에 대해서 다 아는 사람은 없으니, 그 학생에게 부족한 지식이 무엇인가를 알아내려면 어떻게 해야 할까? 정확하게 풀이한 문제보다 더 풀기 어려운 문제를 보다 구체적으로 질문해보면 될 것이다. 해답이 나오지 않는 문제에 부딪쳤을 때 비로소 그 학생의 지식과 능력의 한계가 드러난다.

학습을 성공적으로 마치려면 학습 단계를 거치는 것이 중요하다. 우선 기초를 배우고, 자기가 모르는 것을 규명한 다음에 다음 단계로 넘어간다.

그런 점에서 틀리는 것도 유익한 일이다. 학습의 한 과정이기도 하고, 미처 배우지 못한 점, 잘못 알고 있는 지식을 지적받을 수 있는 까닭에 깨달을 수 있는 계기가 된다. 잘못하거나 틀린다는 것은 나쁠 수가 없다. 안 된다는 것을 의미하는 것이 아니기 때문이다. 기본적인 것은 파악하지 못한 점을 지적하든가 아니면 그것을 가르친 사람이 옳게 설명하지 않았다는 것을 지적하는 것이다.

성장하는 사람은 어김없이 잘못을 저지르게 된다. 그리고 거기에서 배운다. 실질적인 잘못은 단념하는 것이다. 틀린다는 것은 바로 학습의 한 과정이다. 게다가 가장 귀중한 과정이기도 하다.

우리는 이 점을 똑바로 인식해야만 한다. 필요한 해답을 찾아서 걸음을 옮길 수 있게 해주기 때문이다. 그리고 틀린다는 것은 성공으로 이르는 단계에서 매우 중요하므로, 우리는 틀릴 수 있다는 것을 허용하지 않으면 안 된다. 실패야말로 성공을 위해서 피해서는 안 되는 한 과정인 것이다.

미국의 의사 겸 작가인 올리버 웬들 홈스는 이런 말을 했다.

"트러블을 피해서 갈 수 있는 길이 있다고 해도 나는 이 길을 가려는 생각은 없다. 그건 누구에게도 도움이 되지 않을 것이다. 트러블은 그것을 해결하는 능력을 길러준다. 문제를 귀중하게 간직하고 있으라는 말은 아니다. 내가 하고자 하는 말은 문제를 친하게 벗 삼는 편이 좋다는 것이다."

패배는 실패가 두려워서 현재에 머무는 것이다

실패가 존재하지 않는다고 생각하면 곤란하다. 실패는 분명히 있으니까 말이다. 그러나 실패는 부정적인 상태여서 좋은 일도 없고 배울 것도 없다는 생각을 믿어버린 상태를 말한다. 그것은 또 긍정적인 생각이나 목표를 세워서 동기를 갖게 되는 것과는 정반대의 상태를 말한다.

둥지에서 밀려났을 때 홰를 치려고도 하지 않는 새끼 새, 양분이나 수분을 얻기 위해 뿌리를 뻗지 않는 나무, 실패로 인해 고통을 겪으면서도 성공으로 이어지는 힌트를 배우려고 하지 않는 사람, 이들이 패배자다. 거기에는 성장도 변화도 없다.

야구팬에게는 익숙한 위대한 선수, 타이 캡. 그의 도루왕으로서의 기록은 최근까지도 깨지지 않았다. 그러나 그보다 잘하는 도루의 명수가 있었다는 사실은 널리 알려지지 않았다.

그 이름은 맥스 케이리. 한 시즌에 시도한 도루가 53, 성공한 것이 51. 성공률이 무려 96퍼센트에 이른다. 여기에 비하여 타이 캡의 연간 도루 수는 96회로, 이것이 기록으로 남았다. 그러나 시도한 도루는 134회로 성공률은 71퍼센트에 지나지 않는다. 그러나 그는 보다 어려운 조건에서도 도전하고 실패까지도 감행했기 때문에 야구 역사에 그 전설적인 이름을 남기기에 이르렀다.

타이 캡을 본받아 잘못을 저질러도 노력을 계속하자. 잘되는 일이 많다면 실패한 것은 사람들이 잊어준다.

학점이 나빠 진급을 못해 공부를 다시 해야 할 때 그 학생을 실패했다고 말하는 것에 나는 언제나 저항을 느껴왔다. 틀림없이 그는 잘못해서 학우들을 따라가지 못했다. 그러나 그가 노력을 포기하고 학교에 가지 않았다면 문제지만, 교사로부터 낙제생이라는 낙인이 찍혀도 이것을 떨쳐버리려고 분발했다면 그는 패배자가 아니다. 낙제를 해서 몇 년이나 다시 공부한 학생이 사회에서 눈부신 성공을 거둔 예는 역사에 수없이 남아 있다.

단번에 진급할 수 없었던 경우도 본인의 잘못이 아니라 교사가 학생을 분발케 하는 능력이 부족한 경우가 대단히 많다. 따라서 학생을 능력이 없다고 책망할 이유가 없다. 학생 간의 능력 차이를 교사는 도전으로 받아들여야 한다. 학생이 낙제를 한다면 그렇게 되지 않도록 가르치는 방법을 연구해서 좋은 교사가 되든가, 할 수가 없다면 할 수 있는 교사에게 맡겨야 할 것이다.

실패를 두려워하는 심리가 바로 실패의 원인이 된다. 이때 실패의 책임은 주로 자기 자신에게 있다.

어느 유명한 피아니스트는 암기할 때 가장 어려운 점이 무엇이냐는 질문에 이렇게 대답했다.

"공포감입니다. 잊으면 어떻게 하나 하는……"

이어서 그 피아니스트는 말했다.

"잊어버리지 않을까 하고 근심하는 학생은 걱정하던 곳에 이르면 어김없이 잊어버립니다."

실패를 두려워하는 마음이 실패를 불러오는 것이다.

결론적으로 말하면, 참된 실패는 부정적인 생각을 말한다. 사물이 변화하고, 사람이 성장함에 있어서 직면하는 잘못이나 어떤 문제를 그저 속수무책으로 받아들이는 태도다. 잘못을 통해서 배우고, 극복하려고 노력하는 것이 다름 아닌 목표를 향하는 도전이며 성장의 증표이다.

침체나 일시적 좌절은 성장의 과정이다

묘목이나 어린애를 보면 탄생으로부터 제몫을 하기까지의 성장이 손바닥을 들여다보듯 확실히 눈에 띈다. 식물은 이삼 개월 동안에 자라서 열매를 맺고, 어린아이도 수년 사이에 훌륭히 성장한다.

그러나 학습과정은 식물이나 아이의 경우와 조금 다르다. 인간에게는 침체기가 있어, 학습의 곡선이 상향하기까지 상당히 긴 시간이 소요되는 수가 있다. 이때에는 이 곡선이 더러는 아래로 떨어지는 일조차 있는데, 그럴 때 의기소침하여 동기부여를 잊는다면 더욱 내려가게 된다. 용기가 허물어질 듯하면 곡선을 전체적으로 봐야 할 것이다. 때로는 침체해도 곡선전체가 상향하면 순조로운 성장곡선이므로 낙담할 필요가 없다.

식물이나 유아와 성인의 성장 양상이 다른 점은 그밖에 또 있다. 식물이나 유아는 급속한 성장이 자기 이외의 외부적 원인으로 오는 경우가 많다. 예를 들어, 식물은 잡초를 뽑고, 통풍이 잘 되도록 손을 쓰거나, 물을 주거나, 김을 매거나, 해충으로부터 보호해주지 않으면 안 된다. 유아는 성장해서 자기의 일은 자기가 할 수 있게 되기까지 부모가 돌보지 않으면 안 된다.

학습과정을 돕는 것으로 외적 요소에도 의지를 하지만 성인은 그 이상으로 자기 자신의 책임으로 성장한다. 이 때문에 자신이 학습의 습관을 조정하고 학습태도에 책임을 지는 것이 매우 중요하다.

몇 년 전에 미국 서해안의 몬테레 거리에서 생긴 일은 대단히 흥미롭다. 몬테레는 펠리컨의 낙원이었다. 어부들은 소용이 없는 생선의 내장을 펠리컨에게 던져주고 있었다. 펠리컨은 즐겨 그것을 받아먹고 살이 쪘으며 게을러졌다. 그런데 생선 내장을 이용하는 방법이 개발된 후로는 펠리컨은 모이를 잃게 되었다.

그때까지 자기 자신이 물고기를 잡을 필요가 없었던 펠리컨은 모이를 찾으려고 하지 않고 기다리기만 하다가 체중이 자꾸 줄었다. 그리고 많은 펠리컨이 굶어 죽었다. 고기 잡는 방법을 잊어버린 것이다.

성장하면 자기 자신에 책임을 져야 하고 자립하지 않을 수 없다. 우리들은 사랑하는 부모의 부양이 필요한 아이들이 아니다. 자기 자신에게 책임을 져야 하는 성인이라는 사실을 잊지 말아야 한다.

말이 아닌 행동으로 인생에 도전한다

성장이란 일이나 무엇인가를 하는 것이며 아울러 적극적인 동기가 있는 행동이기도 하다. 일은 목숨을 건 노력이다. 이 노력에는 명확하고 효과적인 목적이 따르지 않으면 안 된다. 노력하면 정신적으로나 육체적으로 능력이 향상되고 정열이 따르며 상상력이 자극되고 그리고 신념이 생긴다. 더욱이 태만해지는 일이 없고 자기 사명을 다하는 데 전념할 수 있게 된다.

잘못을 두려워해서는 안 된다. 잘못은 누구에게나 있기 마련이다. 잘못을 통해서 배우고 같은 잘못을 다시는 반복하지 않으면 된다. 노력을 중단하는 것이야말로 치명적인 잘못이다. 경험은 해야 한다. 자기에게 동기를 부여하고, 방향을 정하고, 그리고 행동하라. 행동에는 말보다도 큰 힘이 있다. 기꺼이 힘든 노력을 떠맡아 기회가 올 때를 대비해두어라. 사람의 평가는 출발점에서 내려지는 것이 아니라 최후에 무엇을 이루어 놓았느냐에 따라서 내려진다.

변하려고 하지 않는 자, 그는 죽은 자이다.

성장하려고 하지 않는 자, 그도 죽은 자이다.

삶과 죽음,

당신은 어느 쪽을 택하려는가?

05 문제 해결 능력을 길러라

싸울 준비가 된 사람은 이미 절반을 싸운 것이다

| 세르반테스

      나는 문제를 도전으로 받아들인다. 왜인가? 모든 문제야말로 성숙의 동기로 삼는 데 필요불가결하기 때문이다. 해결해야 할 문제가 없으면 진보도 없다. 문제가 없다는 자체가 문제이기 때문이다. 이 점을 검토해보기로 하자.

  내가 문제를 기회로 생각하는 것은 어째서인가? 그것은 내가 믿고 있는 것, 즉 목표로 삼는 것에 전념할 것, 적극적인 자세, 신앙, 사람이나 자기를 믿을 것, 가족이나 동료에 대한 사랑 등을 보다 강화하는 데 힘이 되고 도움이 되기 때문이다. 나는 그것을 하나의 도전이며, 자기의 능력을 사람들을 위해 사용하거나 자기 자신이나 자기의 사업을 개선하기 위한 기회라고 생각한다. 곤란한 문제에 맞부딪치면 바탕이 큰 인간이 되고, 바탕이 큰 인간이 되면 더욱 큰 문제에 맞부딪칠 수 있다.

나는 어떤 어려운 문제도 해결할 수 있다고 믿는다. 내가 모든 문제를 해결한다는 뜻은 아니다. 어딘가에 해결할 가능성이 있을 것이라고 생각한다. 그리고 나는 가능한 한 자신의 힘으로 해결하겠다고 생각한다.

어떤 문제든 해결책은 반드시 있다

세상에 문제가 하나도 없다면 우리는 도대체 어떤 생활을 하게 될까?

어딘가에 빨리 가고 싶다는 문제가 제기되지 않았다면 자동차나 비행기도 없다. 암이나 심장마비로 죽거나 신체가 부자유스럽게 되는 사람이 없다면 치료법은 찾지 못했을 것이다. 몸을 쉴 필요가 없으면 집도 없었을 것이다.

문제가 발생하여 개인이나 조직의 운명이 바뀌는 경우가 생긴다. 한 예를 들어보자.

미국 신시내티의 어느 작은 비누공장에서 한 공원이 기계를 멈추지 않고 점심시간에 자리를 비웠다. 어떻게 되었을까? 공장바닥이 비누투성이가 되었다. 버릴까 하다가 생각을 바꾸어 그것을 비누 모양으로 만들어봤다. 물에 뜨는 비누다. 이렇게 해서 프록터 앤드 갬블 회사의 주요 상품인 아이보리 비누가 탄생했다. 타이밍도 나무랄 데 없었다. 1879년은 이 회사의 주생산품인 양초가 에디슨의 전구와 교체되려고 하던 시기였기 때문이다.

문제가 기회를 낳는 예는 많다. 1918년 여름, 미국의 한 젊은이가 유타 주에서 워싱턴으로 나왔다. 그에게는 숨이 막힐 정도의 더위가 괴로웠다. 유타 주의 날씨와는 딴판이었기 때문이다. 수년 후 이 무더운 기후를 떠올린 그는 워싱턴에서 루트비어(초목 뿌리의 즙을 원료로 하는 탄산수와의 혼합 음료수)의 독점권을 샀다. 1927년 여름에 상점을 열었더니 그 매상고는 대단했다. 병에 담은 찬 루트비어는 사람들의 인기를 독차지했다. 그러나 11월쯤 되면 살을 에이는 찬바람이 불기 시작하여 워싱턴 사람들은 찬 음료수를 마실 생각도 안했다.

손님이 없으면 어떤 장사도 문을 닫아야 한다. 그러나 그는 이것을 기회로 바꾸었다. 가게 이름을 핫숍으로 바꾸어 칠리, 핫다마이리(다진 고기 따위를 옥수수 껍질에 싸서 찐 멕시코요리), 초피, 샌드위치 등을 팔았다.

가게 주인 존 윌러드 매리어트는 지금은 세계적인 호텔 체인이 된 매리어트 제국을 건설했다.

오늘날 우리는 아직 한 번도 겪지 못한 중대한 문제에 직면하고 있다. 전쟁의 공포, 세계각지에 넘치고 있는 굶주린 사람들, 흉악한 범죄, 빈곤, 에너지 부족, 핵폐기물 문제들. 그러나 나는 이러한 문제들을 해결할 수 있다고 믿는다. 어떤 문제나 반드시 해결방법이 있기 때문이다.

문제 해결을 위한 6가지 단계

문제를 해결하는 데는 다음의 6가지 단계가 있어, 어떤 경우에도 이 단계들을 밟지 않으면 안 된다.

1 문제를 두려워하지 말고 부정적인 견해를 일소하라.

두려움은 부정적인 감정이다. 여기에서 해결의 실마리는 찾을 수 없다. 우선 부정적인 견해는 남김없이 쓸어버려야 한다. 당황했을 때에는 생각조차 못하는 일도 냉정을 되찾으면 생각해낼 수 있다. 문제가 생겼다고 해서 나쁜 짓을 했다든가, 벌을 받지 않을까 생각해서는 안 된다.

문제를 그대로 받아들여서 정면으로 대결하여 해결할 수 있다는 신념을 가져야 한다. 그렇게 생각할 때 비로소 잠자던 능력을 앞세워 해결책을 찾을 수 있다. 주의를 끌 만한 새로운 일을 접할 때처럼 문제에도 정열과 고양된 마음으로 대해야 한다. 그래야 문제의 분석과 해결에 전력을 집중할 수 있다.

2 문제를 분석하여 사실을 바르게 파악하라.

문제를 분석하라. 필요하다면 부분부분을 분석해본다. 문제를 이해하는 동료나 친구에게 의논하는 것도 좋다. 충고를 얻을 수 있을 것이다. 어떻게 문제가 발생했는가? 어떤 일의 경과로써 문제가 이끌려나왔는가? 누가 어떻게 관계되고 있는가? 어떤 전조가 있었는가? 이와 같은 철저한 분석이 문제를 해결하는 데 큰 도움을 준다.

문제에 관한 모든 사실을 조사하고, 바른 사실을 알아둔다. 더 이상 할 수 없는 선까지 철저히 문제를 분석해서 자기가 조절할 수 있는 요소와 못하는 요소를 인식한다. 그 다음에는 해결할 수 있다는 신념을 가져야 한다.

3. 해결에 전력을 다하라.

문제를 충분히 분석하고 그 경과나 원인에 대한 모든 정보를 파악했으면 더 이상 그 문제에 주의할 필요가 없다. 잠재의식에 맡겨두면 된다. 그리고 전력을 다해 해결책을 생각한다. 해결책을 염두에 두는 것은 매우 중요한 일이다.

문제를 언제까지나 붙들어 놓고 거의 또는 전혀 해결의 길을 생각하지 않는 사람이 너무 많다. 그러다가 문제가 생기면 자신을 책망하거나 타인까지 원망하기 시작한다. 이러면 사태만 악화될 뿐 해결의 길은 더욱 멀어진다.

그렇게 되기 전에 해결에 전념하자. 그리고 갖가지 단편적인 일들을 이어가면서 난제를 없애거나 재발하는 것을 막기 위한 계획을 세운다.

이루어 놓고 싶은 일, 그 시기, 관련된 사람들, 계획에 관한 기타 중요한 모든 사항을 분명하게 밝혀놓자. 단지 너무 세부적으로 구애받으면 안 된다. 그것은 일이 해결된 다음에 정리하면 될 것이다.

좋고 싫다는 감정에 사로잡혀도 좋지 않다. 어디까지나 냉정히 생각해야 할 일이다.

큰 문제를 해결하는 것을 큰 부담으로 생각하는 것은 잘못이다. 어렵게 생각할 필요가 없다. 큰 문제도 단순한 일로 해결되는 경우가 적지 않다. 대소동을 벌이거나 해결 방법을 미리 정하지 말고 충분히 분석한 다음에 자연히 열리는 해결의 길을 기다려야 할 것이다. 몇 갈래의 방법이 떠오를 때에는 한 가지 방법만을 택하되 시간 낭비를 해서는 안 된다.

어떤 경우에도 실망해서는 안 된다. 100번에 한 번이라도 성공한다면 그것은 역시 성공에 속한다.

4) 먼저 경험이 있는 일부터 시작하라.

곤란에 직면했을 때 명쾌하게 해결하는 데에 힘이 될지 모르는 자신의 지식이나 경험에 대해서 까맣게 잊어버리고 쓸데없이 우왕좌왕하는 일이 흔히 있다. 문제를 분석하여 해결의 실마리를 찾는 데 도움이 될 만한 사실을 발견해야 한다. 어떤 문제든 자신의 경험과 지식의 범위 안에서 충분히 해결할 수 있다고 믿는다.

예를 들어 전에도 비슷한 문제가 있었다고 하면 그때의 경험을 살려서 보다 나은 해결 방법을 찾을 수 있을 것이다.

먼저 경험한 일부터 시작한다. 어떤 종류의 행동이 과거에 성공하지 못했다면 그것을 다시 되풀이하는 것은 어리석은 일이다. 경험을 유리하게 사용하자. 그리고 어떤 제품에 대한 판매 기술이 특히 성공한 일이 있으면 새로운 상품에도 이용할 수 있는지 없는지를 확인해보는 것도 좋다. 경험한 일에서 미지의 일로 나갈 때는 갑작스러운 위험을 피해야 한다.

5. 남을 위할 수도 있는 해결책을 택하라.

서비스업으로서는 세계유수의 기업인 로터리 인터내셔널에서는 생각이나 언동의 기준으로서 4가지를 정해 놓고 있다. 이 4가지 요소는 바로 우리가 구하려고 하는 올바른 문제 해결법을 명료하게 제시하고 있다.

- 진실인가?
- 공평한가?
- 선의와 우호관계를 낳는가?
- 관계자 전원에게 이익이 되는가?

단 한 사람에게만 관계되는 문제는 드물다. 한 사람 이상과 관련되었다는 점에 우선 문제가 존재하는 이유가 있다.

일방적이고 자기 본위의 해결 방법은 진정한 의미의 해결이 아니라 문제 해결을 지연시키고 악화시키는 데 지나지 않는다.

6 행동은 신속하고 대담하게 하라.

행동의 중요성에 대해서는 반복해서 말했으나 해결의 방책이 섰다면 방관해서는 안 된다. 실행에 곧 옮겨야 한다. 행동으로 옮기는 것이 빠를수록 해결도 그만큼 빨라진다.

문제는 자연히 해결되는 것으로 알고 시간이 해소해주기를 기다려 문제를 내부에 감춰버리는 사람도 많다. 5단계에서 표시한 4가지 체크포인트를 염두에 두면 실제로 그런 일이 일어날 수 없다. 왜냐하면 문제에 관계하는 다른 사람들이 피해를 입기 때문이며, 최초의 문제가 해결 궤도에 오르지 않으면 반드시 2차적인 문제가 생겨나기 때문이다. 해야 할 일을 태만히 하여 문제의 해결을 시간에 맡기는 인물은 곧 동료의 존경심을 잃고 무능력을 노출하게 된다.

언제 행동하느냐도 문제다. 100퍼센트 성공한다는 확신이 설 때까지 기다릴 필요는 없다. 다소의 위험은 있더라도 그 위험을 도맡을 자신이 있으면 행동으로 옮겨도 지장이 없다. 100퍼센트의 승산은 없어도 해결을 위한 행동을 늦춰서는 안 된다. 침착하고 자신에 찬 태도로 부딪치면 문제를 해결할 만한 지혜와 지식이 생겨난다.

더욱이 해답이 두 가지 이상 있을 수 있는 것처럼 여러 가지의 해결책이 고려되는 경우가 있다. 어떤 방법을 택하느냐는 앞에서 말한 4가지 체크포인트를 참고로 삼아 자기와 다른 사람에게 최대의 이익을 가져다주는 것을 택하면 좋다.

경험의 축적이 문제 해결의 열쇠다

문제 해결의 능력도 스포츠처럼 연습하면 할수록 향상된다. 자기의 문제를 해결하지 않으려고 하는 사람이 있다. 자신의 문제를 철저히 생각해보지도 않고 카운슬러를 찾는다. 사업의 경우는 경영 컨설턴트를 찾아간다. 카운슬러나 컨설턴트는 자기의 전문분야의 문제를 해결하는 것이 직업이므로 그들에게 상의하는 것이 나쁘다는 뜻은 아니다.

먼저 자기가 해결하려고 노력해보자. 자기 혼자 해결할 수 없다고 판단한 후에 그들을 방문해도 늦지 않다. 어떤 직장에서나 난처한 일이 생기면 아이가 부모에 기대는 것처럼 사람을 가리지 않고 상담하러 오는 인물이 있다. 그런데 기이하게도 이러한 인물이 문제 해결에 현명하다고 생각되고 있다. 자주 상담을 받기 때문에 훈련을 쌓은 야구선수처럼 점점 숙련되어간다.

문제를 해결하는 일은 어떤 의미에서는 참 흥미롭다. 아무 일도 없다면 심심하게 될지도 모를 생활에 자극을 주고 새로운 방법, 새로운 발명, 새로운 시간이나 에너지 사용법, 검증의 방법 같은 길을 터준다. 그리고 무엇보다 고무적인 일은 새로운 우정을 확보할 수 있고, 오래 묵은 정을 다른 방법으로는 결코 흉내 내지 못할 만큼 견고하게 해준다는 것이다.

해결할 수 없는 문제라도 긍정적으로 생각한다

문제에는 반드시 어떤 해결책이 있다고 했으나, 아직 해결되지 않은 문제도 많고 자기의 문제를 자신이 해결할 수 없는 경우도 있다. 물론 대부분은 해결할 수 있으며, 경험을 쌓을수록 해결하는 능력은 커진다. 문제는 차라리 도전으로 받아들여보자.

옛날에는 도저히 불가능하다고 생각되던 문제가 현재 해결되어가고 있으며, 다른 한편에서는 해결해야 할 새로운 문제가 생기고 있다.

대릴 스틴그레는 문제를 안은 채 살아갈 줄 아는 사내였다. 뉴잉글랜드 패트리어츠의 스타플레이어였던 그는 축구시합 중에 심하게 부딪쳐서 하반신 불수가 되었다. 누운 채로도 그는 단념하지 않았다. 작은 물건 하나를 드는 데도 고통을 느껴야 했던 그는 이런 말을 했다.

"아프다는 것은 당연히 거기에 감각이 있다는 것을 말한다. 통증에 대해서 나는 이렇게 생각하게 되었다. 통증은 나로 하여금 생각하게 한다. 사고는 나를 현명하게 한다. 지식과 지혜는 평안한 인생으로 인도하는 열쇠다. 그러므로 나는 고통을 느끼는 것을 좋아한다."

스틴그레는 자기의 문제를 해결하는 것이 불가능하다는 것을 알고 있었다. 다시는 걸을 수 없고, 팔을 힘껏 쓸 수도 없을 것이다. 그래도 그는 단념하지 않고 일주일에 다섯 번은 훈련에 열중했다.

"캄캄한 굴속을 걷는 거나 다름없다. 출구에 무엇이 있는지 알 수 없으나 덮어놓고 걸어봐야 한다."

내가 잘 아는 부인이 수년 전에 사고로 자식을 잃는 슬픔을 겪었다. 얼마 전의 일이지만 이 부인은 대수술을 받게 되었다. 게다가 그녀는 막내동생과 사별한 직후였다. 그녀의 소식이 궁금해서 나는 전화를 걸었다. 난관에 부딪쳐 쓰러질 듯하면 나는 언제나 그녀가 이때 한 말을 떠올리곤 한다.

"괜찮아요. 정말로 기운이 좋아요. 기운이 없거나 고생이 심하다고 생각되면 차를 타고 훌쩍 나간답니다. 나보다 불행한 사람들이 많은 곳으로요. 그런 다음에 나의 조촐한 대저택으로 돌아오지요."

그녀의 대저택이란 작은 아파트의 단칸방이다.

개인적으로나 일하는 곳에서 카운슬러나 컨설턴트의 힘을 빌려서도 해결하지 못하는 문제가 있을지도 모른다. 그러나 결코 절망해서는 안 된다.